SOUVENIRS

D'UN FRÈRE

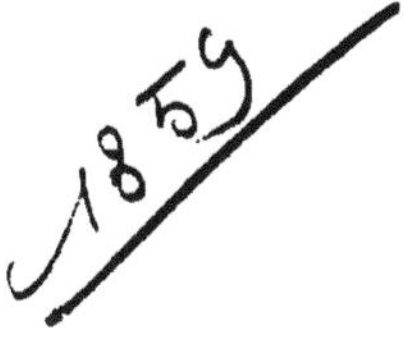

PARIS

IMPRIMERIE D. DUMOULIN ET Ce

5, rue des Grands-Augustins, 5

SOUVENIRS

D'UN FRÈRE

« Virgile a dit : *Olim meminisse juvabit.* Se
rappeler les années passées, c'est rouvrir
un livre connu et aimé, c'est revoir des
pages empreintes de nos joies et de nos
larmes. » (*Lettre d'Amand L.*)

PARIS

RETAUX-BRAY, LIBRAIRE-ÉDITEUR

82, RUE BONAPARTE, 82

1890

SOUVENIRS D'UN FRÈRE

J'ai tardé longtemps à livrer au public, même le plus sympathique et le plus restreint, les pensées secrètes d'une âme qui par fière pudeur, par timidité un peu farouche, par humilité chrétienne, s'est obstinément cachée. J'hésitais aussi, me demandant comment je relierais ces divers fragments par des détails biographiques qui, à vrai dire, font défaut. L'auteur était d'accord, trop d'accord peut-être, avec un de ses maîtres qui a dit : « Il ne manque... à l'oisiveté du sage qu'un meilleur nom, et que méditer, parler, lire, être tranquille, s'appelât travailler[1] ; » il n'a voulu rien faire, et, quelque jugement qu'on porte sur cette conduite, l'approuvât-on pleinement avec La Bruyère, ou pensât-on avec Pascal, qu' « il n'est pas bon d'être trop libre », on reconnaîtra sans peine qu'une telle existence est

1. La Bruyère, *Du mérite personnel.*

vide d'événements, et, partant, que l'histoire en est assez difficile à écrire. J'hésitais enfin, le dirai-je? dans la crainte de rester au-dessous de l'œuvre que j'avais rêvée. Comme la modestie, et aussi comme l'orgueil, la tendresse a ses inquiétudes, elle a même ses impuissances; et le découragement s'empare aisément de l'artiste qui avait voulu fixer des traits aimés sur le papier ou sur la toile, et qui désespère de montrer, comme il la voit, l'âme qui les animait.

Je me suis décidé cependant, moins peut-être pour satisfaire ma tendresse et pour consoler mes regrets, que pour servir les âmes en essayant de les élever. Ces confidences d'un frère, ces pages où respire l'amour le plus intelligent et le plus désintéressé de la beauté littéraire, où la nature est quelquefois peinte d'un trait sobre et vif, où s'épanchent les affections domestiques, où brûle un zèle généreux et constant pour la cause de l'Église et de Dieu, ces pages enfin, où la mélancolie se tourne souvent en prière et regarde vers le ciel, feront goûter, je l'espère, à plus d'un lecteur, les sentiments qui les ont inspirées. En les lisant, on échappera aux vaines pensées et aux ambitions mesquines; avec un compagnon de route qui ne se fût jamais donné comme un guide et qui s'est toujours cru de plain-pied, on gravira des hauteurs, et l'on y trouvera la sérénité et la lumière.

I

La vie d'Amand L. tiendrait en peu de lignes, si je ne voulais éclairer et animer ce récit par quelques fragments épistolaires. Il naquit le 20 novembre 1836, dans une petite ville du nord de la France; privé de bonne heure de sa mère et de son père, que de fois, plus tard, il s'est retourné en idée vers la maison paternelle qui s'était fermée si tôt! Que de fois, surtout aux jours de son déclin hâtif, lorsque déjà il entendait en lui-même la réponse de mort, il a évoqué des souvenirs que le voisinage pressenti de l'éternité lui rendait plus solennels et plus doux! « Les souvenirs de mon père et de ma mère me reviennent souvent maintenant, » écrivait-il en juin 1874. « Je revois souvent par le cœur et par la mémoire notre maison de la rue de Lens qui paraissait si grande à mes yeux d'enfant et qui l'était en effet... Une chose vivait dans cette maison, c'était l'amour des lettres... Je revois toujours les gravures qui ornaient les murs de notre maison.... » Que de fois aussi, dans ces années qui devaient être les dernières, il a pleuré en retrouvant, tout vifs dans leur correspondance, les êtres chers qu'il avait perdus! « L'autre jour, écrivait-il en novembre 1872, j'ai relu une lettre de ma mère à son frère.... Arrivé à ces mots : *Vous conserverez toutes mes lettres avec soin, ce sera plus tard pour vous un souvenir de moi,* mes larmes coulèrent. Je ne me suis point défendu contre ces larmes; elles sont l'honneur du cœur humain; elles font refleurir, dans l'aridité de l'âge mûr, les meilleurs sentiments de l'âme. » Au frère aîné, seul demeurant du passé, il écrivait : « Tu me rappelles des dates douloureuses, les premières atteintes de la maladie qui devait enlever notre mère, etc. Ta mémoire est un vrai trésor, je dirai mieux, un reliquaire. » Puis, faisant un retour sur la mobilité qui trop souvent, de nos jours, emporte les souvenirs domestiques, et isole de leurs devancières les générations contemporaines, il ajoutait : « Ah! les familles n'ont plus de ces traditions qui reliaient le présent au passé. Quel est le petit-fils qui connaît son grand-père et qui en parle ? » (12 décembre 1872.)

L'aïeule maternelle s'efforça de remplacer pour Amand le père et la mère. De quelle active tendresse, de quelle sollicitude constante et toujours un peu inquiète elle entoura une enfance chétive et une frêle adolescence, et de quelle reconnaissance cette tendresse fut récompensée, les lettres d'Amand le disent avec une émotion pénétrante. Il garda son aïeule presque jusqu'à l'âge de trente ans, et il ne se consola jamais entièrement de l'avoir perdue.

Après ces premières années attristées par d'irréparables deuils, vinrent les années de collège. L'éducation du foyer avait été profondément chrétienne, le collège acheva l'œuvre de la famille. La dépeindrai-je, la vaste et paisible demeure où Amand parcourut, non sans succès, la carrière des humanités ? Il y rencontra des guides qui éveillèrent en lui cet amour des lettres dont il ne se déprit jamais. Parmi eux, il en est un, ami de notre plus lointaine enfance, que tous ses élèves reconnaîtront dans ces lignes qu'Amand traçait en avril 1866 : « M. l'abbé Charles L... est toujours cet esprit charmant, aimable, que tu connais. L'habitude de vivre avec les classiques a donné à sa pensée de la délicatesse et de la grâce. » A Marcq-en-Barœul, Amand rencontra des amis qui, malgré le soin qu'il prit de se cacher, surent le comprendre et conservent sa mémoire. Leurs noms reviennent souvent dans ses lettres, et leurs diverses physionomies y sont esquissées avec une sympathie qui, je le sais, n'a coûté rien à la vérité. L'un d'eux vivait il y a trente ans, il vit encore « avec sa mère dans une studieuse et douce retraite », d'où, seul, le service de Dieu et des pauvres l'a pu faire sortir. Un autre, né pour la lutte, n'en a point décliné les périlleux devoirs, et c'est vaincu mais non brisé qu'il a abandonné les emplois administratifs qui avaient été pour lui un poste d'honneur. Cet autre, dans ses fonctions de magistrat, a paru trop libre et trop fier aux étranges maîtres que la France subit encore ; la tête haute, il est sorti d'une carrière qu'ouvraient devant lui d'honorables traditions et un talent déjà éprouvé. Tous, dignes élèves du collège de Marcq-en-Barœul, laisseront « non seulement leurs os, comme disait Lacordaire, mais leur cœur et leur mémoire du bon côté des choses [1] ».

1. Montalembert, *la Victoire du Nord aux États-Unis*, V (*Correspondant* du 25 mai 1865).

Amand n'oublia ni les affections ni les goûts qui avaient embelli ses années printanières. Il écrivait le 30 novembre 1872 : « L'amitié survit à bien des illusions, l'amour des lettres aussi. Cet amour peut donner aux existences les plus attristées un peu de vrai bonheur. »

Les études terminées, Amand a revu plus d'une fois Marcq-en-Barœul ; il y retrouvait un paysage connu, il y respirait une atmosphère paisible. « Cette maison, écrivait-il en octobre 1860, me rappelle six années de ma vie, passées dans la paix de l'âme et dans les joies de l'amitié. » Cependant, il n'aimait pas à y retourner. « Mes souvenirs, écrivait-il, ont idéalisé cette maison, et je crains toujours que la réalité ne réponde pas à mon idéal. » (23 novembre 1860.) Amand avait, à un degré rare, le don d'idéaliser le passé, et je ne saurais l'en plaindre ; mais n'en a-t-il pas abusé ? Trop prudent, trop précautionné contre les déceptions, ne s'est-il pas fermé plus d'une source vive ; et, de peur de demander trop à la réalité, n'a-t-il pas quelquefois refusé de lui demander assez ?

Amand commença à Paris l'étude du droit ; et, sans se livrer pleinement au charme de cette ville, — qui donc s'est livré moins que lui ? — il fut loin de s'y déplaire. « Tu me rappelles, écrivait-il à son frère en mars 1863, mon séjour à Paris. Ah ! Paris m'a donné, à certains jours, de grandes et belles ivresses. Mais aujourd'hui, il m'arrive parfois de dire, appliquant à Paris, ce vers de Racine :

Dans l'Orient désert quel devint mon ennui !

Toi, tu quitteras aussi Paris, et ce sera sans regret. Tu auras entrevu les deux Paris (car s'il y a deux hommes en nous, il y a aussi dans notre grande cité deux villes). Mais tu n'auras fait qu'entrevoir le *Paris de la chair*, et tu auras vu, goûté le *Paris de l'esprit*, le Paris qui médite et qui prie. » Après un de ces rapides voyages que, de temps en temps, il faisait à Paris, il écrivait : « J'ai donc encore une fois revu Paris, et je ne l'ai point revu avec ivresse et enthousiasme. Les environs et les jardins de Paris m'ont cependant profondément charmé. Je n'oublierai point la terrasse de Saint-Germain dont les horizons ont en quelque sorte le vague et la couleur de la mer. Je connaissais à peine la Seine, ce fleuve charmant et gracieux qui, pour parler

la langue de Fénelon, « se joue dans la campagne,
« revient sur ses pas par de longs détours, et
« semble ne pouvoir quitter ses bords enchantés. »
(17 mai 1863.) A mesure qu'il avançait dans la
vie, il se retournait vers les années disparues
et vers les plaisirs purs et modestes qu'elles lui
avaient procurés : « Le beau soleil qui brille en
ce moment me rappelle l'été de 1859, nos promenades à Enghien, à Sceaux, au bois de Vin-
cennes. Je revois les roses de Fontenay, les
gracieux paysages qui entourent Sceaux, et le
lac d'Enghien brillant et ombreux. Je revois
jusqu'à ma chambre de la rue Jacob, cette petite chambre qui l'été s'emplissait d'un ardent
clair-obscur. Chers souvenirs que ceux-là ! Horizons du passé qui, dans le lointain, prenez de
douces et lumineuses formes, que j'aime à jeter
un regard sur vous ! » (Mars 1863.) Longtemps
après, il écrivait encore : « Il y a dix ans à pareille époque, j'étais à Paris. Certes je n'étais
pas de tous points heureux, mais j'avais une
curiosité intellectuelle qui était le branle et le
charme de ma vie. J'allais entendre les prédicateurs célèbres, j'assistais aux cours de l'abbé
Bautain : cela suffisait pour remplir mes jour-

nées. Quel que soit le présent, et quel que doive être l'avenir, je remercierai toujours Dieu des joies que m'a fait goûter l'amour des lettres. » (9 février 1870.) Plus tard encore, il évoquait, avec une tristesse d'où l'espérance humaine était désormais absente, les premiers jours de sa vie parisienne. « En 1858, écrivait-il le 1er novembre 1874, je passais la fête de la Toussaint à Paris. Je venais de quitter ma grand'mère, et je souffrais un peu de cette séparation, mais ma vie n'était pas sans charme. J'assistais aux vêpres de Saint-Germain l'Auxerrois, et je fus frappé de la beauté, de la pompe des cérémonies religieuses. Je me sentais un vague amour des lettres et des arts; et c'était comme un souffle heureux qui enfle les voiles d'un navire, le fait avancer, et lui promet une riante navigation. »

Ce souffle heureux avait pu enfler les voiles du navire, mais l'avait-il fait avancer? Amand quitta Paris, et revint dans le Nord. Pour faire ou du moins pour paraître faire quelque chose, il commença, il acheva même à Lille, dans une étude de notaire, un stage qui ne devait pas aboutir. De son aveu, ces occupations n'avaient pas pour lui un bien grand charme. « Je me console, écrivait-il à la veille de les reprendre, en songeant que je retrouverai l'église des Jésuites, les conférences de Saint-Vincent de Paul et les pauvres. » Voisin de la petite ville où son aïeule achevait de vieillir, il allait passer chaque dimanche avec elle ; il visitait de temps en temps un oncle, curé d'un village dont le souvenir repassera souvent dans ces pages, et il entretenait une active correspondance avec le frère qu'il avait laissé à Paris.

Amand rencontra à Lille des amis dont un semble lui avoir été particulièrement cher. La mort de Célestin Richaud — il est tombé à Montretout le 18 janvier 1871 — nous enhardit à le nommer et à déchirer ces voiles où tout sentiment délicat et profond aime à s'envelopper. La pratique de la charité avait réuni Amand et Célestin Richaud ; une même foi, des goûts semblables, et jusqu'à des différences de nature et de race les avaient attirés l'un vers l'autre. Ne serait-il pas vrai de dire de l'amitié aussi, « que... ce qui germe dans l'univers désire un sol étranger[1] »? En juillet 1862, Amand écrivait : « J'ai

---

1. J. de Maistre, *Du Pape*, l. II, ch. vii, art. 1er.

rencontré dernièrement, à la conférence de Saint-Vincent de Paul, un jeune homme d'une grande distinction : c'est le fils du proviseur du lycée.... Ce jeune homme est d'Avignon, et il a cet accent et cette vivacité méridionale qui charment et surprennent les habitants du Nord.... » Un peu plus tard, au mois d'octobre, il écrivait : « Je vois quelquefois M. Richaud, c'est une âme d'élite. Je crois aux prédilections de Dieu : l'amitié de Jésus-Christ pour saint Jean atteste ce que je dis. J'espère qu'un jour tu feras la connaissance de ce jeune homme si richement doué ; il a la foi d'un apôtre et la piété d'un ange. Puisse-t-il se conserver pur et croyant ! » Mais les nécessités de la vie appelèrent à Paris le jeune Richaud, et, séparé de son ami, Amand épancha sa tristesse dans une lettre que le père et la mère conservent parmi toutes les reliques de leur fils.

« Mon cher ami, écrivait Amand, vous venez de me quitter et je veux cependant vous écrire. J'ai encore, j'aurai toujours présents au cœur les derniers moments que vous avez passés avec moi. En vous quittant, j'avais l'âme déchirée, et pendant tout le trajet de Lille à L. B., j'ai songé à vous, à nos relations presque quotidiennes, à nos visites des pauvres, à toutes ces choses qui ont mêlé votre âme à la mienne. Désormais nous ne nous verrons plus que de loin en loin; mais nous nous retrouverons toujours devant Dieu, et dans l'amour de tout ce qui est beau et grand.

« J'ai bien regretté de n'avoir pu vous être plus utile à votre départ. J'aurais voulu vous indiquer un bon hôtel, et vous éclairer un peu sur la vie que vous allez mener à Paris. Ah ! j'ai bien senti mon impuissance et mon inexpérience. Mais le bon Dieu, que je prie, vous viendra en aide ; il adoucira vos premiers jours à Paris. Mon cher ami, vous êtes chrétien, je puis vous parler de la prière ; vous croyez à son efficacité, et vous trouverez toujours dans la foi une armure contre les tentations et les peines de la vie.

« J'ai été ce matin à la messe avec le livre que vous m'avez donné ; j'y ai lu quelques chapitres qui m'ont un peu consolé.

« Adieu, comptez toujours sur mon amitié. Racontez-moi vos joies et vos peines. »

Je ne prétendrai pas qu'aucune des amitiés

d'Amand n'a égalé celle-ci en profondeur ; mais aucune ne s'est traduite en traits plus pénétrants et plus vifs. Il semblait que pour ce jeune homme, son cadet de près de dix ans, son âme, accoutumée jusqu'alors à de plus sévères affections, pressentît et éprouvât d'avance quelques-unes des tendresses et même des angoisses de la paternité.

« Le départ de M. Richaud, écrivait-il à son frère le 28 avril 1863, m'a fait de la peine ; j'ai senti le besoin de relire, dans les *Martyrs*, la lettre d'Augustin à Eudore, pleine d'une mélancolie profonde et touchante. *Telle est la vie : elle est pleine de liaisons commencées et rompues... Mille accidents, mille choses séparent les hommes qui s'aiment pendant la vie. Puis vient cette grande séparation de la mort.* M. Richaud a été touché de l'accueil que tu lui as fait : il t'en remercie. Puisse-t-il être heureux à Paris, et grandir toujours dans la foi et dans l'amour des belles choses ! Je lui appliquerais volontiers ce mot de Jean-Jacques Rousseau : *Le jeune homme qui a conservé sa pureté est, à vingt ans, le plus aimable et le plus généreux des hommes.* »

Ces années qui vont de 1861 à 1865 apportaient aux catholiques des inquiétudes douloureuses, et les conviaient aux énergiques résistances. Je le sais, les menaces et les douleurs d'aujourd'hui nous feraient presque oublier les craintes d'autrefois; ces craintes étaient cependant fondées, et l'œuvre perverse qui se consomme à cette heure s'ébauchait il y a trente ans. Comme Amand s'est ému aux premiers coups qui ébranlaient le pouvoir temporel du Pape; comme il a admiré les vaincus de Castelfidardo! « J'ai le bonheur, écrivait-il le 24 octobre 1860, d'appartenir à la grande communion catholique, et ce bonheur je le sens chaque jour plus vivement; je sens que l'Église renferme au plus haut degré tous les dévouements et toutes les noblesses. De temps en temps, il passe dans son sein de ces courants qui enflamment les cœurs les plus timides.

« Mgr l'évêque d'Orléans cite dans son oraison funèbre (des martyrs de Castelfidardo) quelques vers de Virgile [1]; ces vers je ne les avais

1. « Ces champions prédestinés des causes glorieuses et désespérées, le poëte l'a dit dans son sublime langage, ils sentent en eux une impatience du repos, une inquiète ar-

jamais si bien compris. Qu'ils m'ont paru beaux ! Avec quelle puissance le christianisme interprète les beautés païennes ! Si tu veux me permettre une phrase, je dirai que, sous le regard de l'évêque d'Orléans, les vers de Virgile s'épanouissent, qu'ils donnent tout leur éclat et versent tout leur parfum ! »

Quelle généreuse colère la suppression des conférences de Saint-Vincent de Paul excitait dans l'âme d'Amand ! « Je frémis d'indignation et de douleur, écrivait-il le 29 octobre 1861. J'ai le bonheur de connaître la conférence de Saint-Vincent de Paul, d'être initié à ces mystères de la charité et de la souffrance qui effrayent tant le gouvernement. Que de fois, en descendant le sombre et tortueux escalier du pauvre, ne me suis-je pas senti purifié et comme éclairé d'un rayon de Dieu ! Aujourd'hui, l'œuvre d'Ozanam n'existe plus ; tout est à terre, fleurs et fruits. La liberté et la charité viennent d'être frappées d'un même coup. » Un mois plus tard,

deur, je ne sais quelle soif ou des combats ou des grandes entreprises :

Aut pugnam, aut aliquid jamdudum invadere magnum
Mens agitat mihi, nec placida contenta quiete est. »

lorsque le fantasque et violent ministre qui avait frappé les conférences essayait de les reconstruire sur la base de l'autorisation officielle, Amand, d'accord avec tous les membres des conférences et le grand nombre des catholiques français, écrivait : « Je ne consentirai jamais à abdiquer une des plus précieuses libertés de l'âme, la liberté de l'aumône. Accepter l'autorisation que le gouvernement voudrait nous donner, ce serait ratifier la circulaire de M. de Persigny. » Et en janvier 1862, il écrivait, à propos d'une réponse de l'évêque d'Arras : « Mgr Parisis n'a rien perdu de sa vigueur; c'est toujours l'évêque de Langres. Il a lancé ses phrases courtes et incisives comme des flèches. J'ai lu aussi, ajoutait-il, l'admirable lettre de M. Baudon; j'y ai retrouvé la fermeté et la douceur chrétiennes. Il me semble qu'elle peut se résumer dans ces mots : *Noli vinci a malo, sed vince in bono malum* [1]. » Cette sollicitude que lui inspirait le sort des conférences de Saint-Vincent de Paul venait de l'intérêt qu'il portait aux petits, aux indigents,

[1] « Ne vous laissez point vaincre par le mal, mais triomphez du mal par le bien. » (Rom., xii, 21.)

aux délaissés, et du désir qu'il eut toujours de les soulager. Il redisait volontiers le *misereor super turbam* [1] de l'Évangile, et tout acte de charité, surtout accompli par un pauvre, avait le don de l'émouvoir. « Les pauvres seuls savent donner, » disait-il. Et encore : « Ah ! la charité seule rend la vie douce. Je dirai, empruntant à Mme de Sévigné un mot charmant et mélancolique : La charité *console* de tous les plaisirs du monde. » (7 décembre 1863.) Des traits semblables reviennent souvent sous sa plume. « Je sens que dans la visite des pauvres il y a presque un *sacrement*. Il m'arrive parfois de dire : O mon Dieu ! je ne suis pas digne de visiter vos pauvres ; je ne suis pas digne de leur faire un peu de bien.

« Dans l'antiquité, la misère était sacrée ; aujourd'hui, elle est divine. Il sort aussi une vertu des haillons du pauvre ; leur seul attouchement purifie et guérit.» (17 octobre 1863.)

Toutes les détresses, mais surtout les détresses spirituelles, excitaient son inquiète commisération. « Je souhaite, écrivait-il d'un

---

1. « J'ai pitié de cette foule. » (Marc, viii, 2.)

vieillard objet de sa chrétienne sollicitude, que N... amène à la foi son oncle. Quelle qu'ait été la nuit de nos erreurs et de nos fautes, nos derniers moments peuvent s'éclairer d'une lumière et d'une espérance divines. » (29 décembre 1868.)

Cette piété ne se bornait pas aux individus, elle s'étendait aux peuples. En ces années lointaines où la France, sûre de sa force, se croyait à l'abri de tout péril, et ne soupçonnait même pas qu'une brèche sanglante pût être faite un jour à ses frontières, quelles ardentes et effectives sympathies n'avons-nous pas témoignées à tout ce qui, en Europe et dans le monde, était opprimé ou menacé! Lorsque la sinistre nouvelle des massacres du Liban eut fait déborder de nos âmes l'indignation et la douleur, de quelle impatience fiévreuse ne pressâmes-nous point le départ de l'expédition qui devait les arrêter! Nous donnions d'amples aumônes à l'Irlande affamée; à la Pologne qui, en 1861 et en 1863, se débattait dans une agonie suprême et désespérée, nous eussions volontiers offert l'épée de la France. Hélas! depuis lors, d'inoubliables désastres ont glacé nos enthousiasmes ou nos colères d'autrefois, et rabaissé nos élans ; peut-être plusieurs ne se rappellent-ils plus les généreux désirs, les rêves magnanimes de leur jeunesse, qu'avec le sourire amer du découragement et de l'ironie. Ils ont tort : les bons désirs ne sont jamais stériles ; lors même qu'il paraît ne vouloir point les exaucer, Dieu ne les allume pas en vain dans l'âme. Ils honorent, ils élèvent le cœur où ils sont nés ; prétendra-t-on qu'ils n'exercent point au delà une invisible et bienfaisante action ? Amand a aimé l'Orient chrétien, l'Irlande, la Pologne surtout, et jamais, même aux jours de nos détresses et de nos désillusions, il n'a regretté l'amour qu'il avait voué à ces causes nobles et malheureuses. « La Pologne ! écrivait-il le 12 mars 1863, presque à la date où Montalembert publiait son éloquent article sur l'*Insurrection polonaise*[1], comme ce nom retentit douloureusement dans nos cœurs ! Dieu ne prononcera-t-il pas sur elle cette parole de résurrection : *Adolescens surge*[2] ? Ne recouvrera-t-elle point la vie avec la parole : *et qui mortuus erat, cœpit*

1. *Correspondant* du 25 février 1863.
2. « Jeune homme, lève-toi. » (Luc, vii, 14.)

loqui[1]? Mais peut-être faut-il qu'il y ait des nations martyres, des peuples pénitents. » Et, le 17 octobre 1863, s'inspirant de l'ingénieuse exégèse et des pages émues du P. Gratry[2], il écrivait : « Quand donc appliquerons-nous aux nations les préceptes et les conseils de l'Évangile ? Les nations ne sont-elles pas cohéritières, *cohæredes?* Ce qui est vrai pour les individus ne l'est-il pas pour les peuples ? Ah ! si les nations cherchaient avant tout le royaume de Dieu, nous ne verrions pas ce que nous voyons. L'Europe se rétablirait sur ses véritables bases ; les nations couchées à l'ombre du despotisme se relèveraient ; il y aurait sur toute la face de la terre comme un renouvellement : *Renovabis faciem terræ*, disons-nous à l'Esprit-Saint.

« Quant à la Pologne, nous ne pouvons aujourd'hui que prier pour elle, et lui appliquer cette béatitude dont la diplomatie peut sourire, mais qui n'en renferme pas moins une consolation efficace. Heureux les peuples qui souffrent persécution pour la justice ! »

1. « Et celui qui était mort commença à parler. » (Luc, vii, 15.)
2. *La Paix, quatrième méditation*, III.

La foi d'où jaillissait cette charité vive et universelle s'échauffait des feux de la piété. Comme Amand plaignait le pâle et inconsistant déisme d'un ami qu'il eût voulu ramener ! « Son Dieu, écrivait-il, ressemble à ces soleils que l'astronomie découvre, et qui n'envoient pas jusqu'à nous de vivifiants rayons. Plus heureux les chrétiens qui ont le Christ dans leur cœur, comme ils ont sur les murs de leur chambre son image, et qui, dans leurs douleurs, disent avec confiance : *Christus vivit* [1] ! » Ce cri de foi et d'amour, il ne cessa jamais de le redire ; et, parmi des périls plus redoutables que ceux qui, au quatorzième siècle, menaçaient le christianisme, il répétait à sa façon les nobles paroles de Pétrarque : « Plus j'entends dénigrer la foi du Christ, plus j'aime le Christ et plus je me confirme dans sa doctrine, comme un fils, dont la tendresse filiale se serait refroidie, la sent se réchauffer lorsqu'il apprend qu'on attente à l'honneur de sa mère. » Car c'est bien un sentiment pareil à celui du grand poète qui anime les pages suivantes : « Plus l'Église est com-

_____

1. *Le Christ est vivant !*

battue, plus ma foi augmente ; plus je pénètre dans les mystères et dans les iniquités du monde, plus je me rattache à l'Église, car je sens que l'Église seule peut nous délivrer des erreurs de l'intelligence et des passions du cœur. » (19 novembre 1861.) « Le temps nous emporte à toute vapeur. Et parfois, dans ce rapide trajet, il y a des heures d'angoisse et de tentation : ce sont comme d'obscurs et dangereux tunnels. Nous sommes arrivés à une de ces heures terribles. Que la foi ne nous abandonne point ! Pour ma part, malgré mes misères de chaque jour, je sens mon amour pour Jésus-Christ et l'Église augmenter. » (4 mars 1862.)

A propos d'un ballon célèbre en 1863, qui avait assez piteusement échoué dans le Hanovre, Amand écrivait : « Il arrivera aux doctrines de Renan ce qui est arrivé au *Géant* de Nadar. Après s'être élevées avec beaucoup de bruit et peut-être même avec une certaine pompe, elles retomberont flétries et meurtrissant les intelligences qu'elles auront ravies. » (7 novembre 1863.)

Le spectacle des professions religieuses était une des fêtes de cette existence sévère et con-

tenue. « Ce qui empêche l'incrédulité de préva-
loir, ce sont nos religieux, ce sont nos carmé-
lites..Je me le disais jeudi dernier en assistant
à une prise d'habit. Cette cérémonie me toucha
profondément. Là où le monde voit des em-
blèmes de mort, je vois des symboles de résurrection. C'était l'accomplissement de cette parole : *oportet nasci denuo*[1]. Que d'hommes aujourd'hui, qui ferment les yeux à la lumière du
Christ, demandent encore avec Nicodème :
*Comment peut-on rentrer dans le sein de sa
mère*[2] ? Voilà où nous en sommes. Luttons donc
avec nos armes : *Induite armaturam Dei; sumite
gladium spiritus quod est verbum Dei*[3], comme
dit admirablement saint Paul. Oui, luttons, c'est-
à-dire prions et aimons. » L'auteur, un peu
étonné du tour qu'avait pris sa lettre, ajoutait :
« Je termine ce sermon, et il ne reste plus qu'à
dire : *Amen.* » (11 septembre 1863.)

Celui qu'émouvait ainsi une prise de voile,
n'avait-il jamais tourné vers la vie religieuse

1. « Il faut naître de nouveau. » (S. Jean, iii, 7.)
2. S. Jean, iii, 4.
3. Eph. VI, ii, 17 : « Revêtez-vous des armes de Dieu....
Prenez l'épée spirituelle, qui est la parole de Dieu. »

des aspirations timides et confuses ? Le dégoût des joies terrestres l'avait saisi de bonne heure : « Personne plus que moi ne sent la vanité des choses, le néant de tout : il y a pour moi, au fond de tous les plaisirs, comme un goût de cendre. » (7 avril 1862.) « Ah ! rien de ce qui est terrestre ne peut remplir le cœur de l'homme. Rien ne repose et ne donne la paix à l'âme, ni les joies de la piété filiale, ni les poignantes émotions de la lecture, ni les grandes visions des voyages. Tout cela creuse un sillon dans l'âme où rien ne fleurit... J'ai cherché, je cherche le bonheur dans les choses dont je viens de parler, et le bonheur m'échappe, pareil à ces déesses qui apparaissaient aux héros leurs fils ; je répète avec tristesse : *Cur dextram jungere dextræ Non datur*[1] *?* Tout est vain : c'est le mot qui retombe toujours sur l'âme et qui l'écrase... » (24 mars 1863.) Et après avoir mentionné le deuil qui affligeait un de ses amis : « Ainsi va la vie ! L'homme voit partir, voit mourir ceux qu'il aime. Il finit par ressembler à ces rivages que

---

1. « Pourquoi ne nous est-il pas permis d'unir nos mains ? » (*Énéide*, I, v. 408, 409.)

de fraîches et brillantes vagues ne viennent plus baigner. » (14 avril 1863.) Mais ce *détromper amer*, comme l'appelle Chateaubriand, n'est pas à lui seul un indice de vocation religieuse ; il s'unit aisément à la faiblesse, et l'âme qui l'éprouve peut rester éloignée de Dieu. Certes, dans l'âme d'Amand il y avait autre chose et mieux, et il ne cédait pas à un découragement hâtif, lequel d'ailleurs ne peuplera jamais les cloîtres, quand il écrivait : « Peut-être aurais-je été à ma place dans une congrégation. » (24 octobre 1860.) Et encore : « J'ai désiré quelquefois la vie religieuse. » (2 février 1861.) Je ne prétends pas qu'il en ait eu la vocation ; lui-même va achever sa pensée : « Quel est l'homme qui n'a pas éprouvé ce désir, dans les moments où Dieu se fait sentir à l'âme ? Qui n'a pas désiré vivre en face de Dieu, loin des turpitudes de la chair et des vanités de l'esprit ? La vie religieuse apparaît alors comme un idéal. » Oui, à ceux mêmes qui n'y sont point appelés, la vie religieuse apparaît alors comme un idéal, et elle ne leur apparaît pas en vain sous cet aspect. Une telle vue les préserve de la médiocrité morale où tombent si aisément les âmes qui ne regardent jamais au-delà de leur horizon ; elle les empêche d'être contents d'eux-mêmes à trop bon compte, et leur fait sentir un salutaire aiguillon. Ne sert-il de rien à l'homme qui veut écrire dans une prose ferme, souple, colorée, d'avoir vécu dans le commerce des grands poètes, d'avoir plié aux lois de leur rythme sa forme encore novice, de s'être même essayé à atteindre aux cimes qu'ils ont gravies ? Plus d'un jeune homme, lettré et enthousiaste, a commencé par traduire en vers des sentiments auxquels il ne donnera que dans la prose leur expression définitive ; plus d'une âme pure et pieuse a rêvé du cloître où Dieu n'avait pas marqué sa place. De part et d'autre, on visait plus haut qu'on ne devait monter ; et qui osera dire que, dans des ordres divers, de tels désirs et de tels efforts sont demeurés stériles ?

Les allusions à l'entretien du Sauveur et de Nicodème montrent qu'Amand n'était pas étranger aux livres saints. « Je viens de relire le cantique d'Ezéchias, écrivait-il le 23 janvier 1863... Ce qui m'étonne surtout dans les livres saints, c'est la simplicité et la grandeur... Ainsi, il est dit des méchants qu'ils deviendront immobiles comme la pierre, *immobiles quasi lapis* [1]; ils tomberont dans l'abîme comme la pierre. Et aussi : *Sicut pullus hirundinis sic clamabo* [2]. Comme cette image peint bien dans sa simplicité l'infinie misère de l'homme ! »

« Quant à saint Paul, écrivait Amand le 21 mars 1863, il me jette parfois dans de subites clartés ; puis, tout à coup, je ne vois plus, l'obscurité se fait. Qui pourrait suivre saint Paul ? Comme le cœur pur dont parle le livre de l'*Imitation*, il pénètre le ciel et la terre... » Et après une allusion aux *Actes des Apôtres* : « C'est merveilleux, disait-il de ce livre divin. On y trouve l'attrait, l'imprévu des voyages. Je dirais, si je l'osais, que c'est un roman divin. » Il ajoutait : « Tu le vois, je lis un peu nos saintes lettres... Cette lecture ne fatigue point comme les lectures humaines. Nos saintes lettres viennent de Dieu ; aussi ont-elles quelque chose d'infini. On peut les lire et les relire ; toujours on y découvrira de nouvelles lumières. Elles sont comme l'échelle de Jacob ; elles

1. Exod., xv, 16.
2. « Comme le petit de l'hirondelle, ainsi je crierai. » (Isaïe, xxxviii, 14.)

touchent à la terre, mais elles touchent aussi au ciel. »

S'étonnera-t-on qu'Amand ait goûté l'*Imitation de Jésus-Christ?* « Il m'arrive souvent de l'ouvrir au hasard, et de lire un seul verset ; ce verset, dans sa simplicité et dans sa profondeur, m'émeut jusqu'aux larmes. J'aime tout dans ce livre, jusqu'à la rusticité de sa forme ; j'y trouve tout, espérance, consolation et force. » (21 mars 1863.) Dans les diverses circonstances de sa vie, il se rappelle les versets de ce livre qui n'a au-dessus de lui que l'Écriture. « *La joie du soir nous fait trouver triste le matin du lendemain*, comme dit l'*Imitation* [1], » écrivait-il le 12 juillet 1861. « Hélas ! nous savons tout cela, et cependant nous nous laissons prendre aux choses de la terre. » Et à propos d'une passion dont il s'est accusé plusieurs fois, et que j'aurais mauvaise grâce à lui reprocher, il écrivait : « Je crois que nous aimons trop ou que j'aime trop les livres : il y a dans cet amour quelque chose de désordonné. L'*Imitation* dit : *Non te moveant pulchra et subtilia hominum dicta* [2]. »

1. L. I, cap. xx, 7.
2. « Ne vous laissez point toucher par tout ce que les

Nous sommes loin du temps où Racine, dans une lettre à son fils, mentionnait son diurnal [1], et, à la veille de la Saint-Jean-Baptiste, lui mandait qu'il avait récité plusieurs fois l'*Itinéraire* à son intention [2]. Notre piété s'est trop désaccoutumée de prier avec l'Église ; elle s'isole même dans l'assemblée des fidèles, et se complaît à des prières où le *moi* se retrouve encore. Amand n'avait pas délaissé l'antique tradition, et les textes liturgiques venaient d'eux-mêmes sous sa plume comme sur ses lèvres. « Soigne bien ta santé, écrivait-il à son frère avec une tendresse un peu inquiète ; l'Église, tu le sais, demande à Dieu pour ses fils la santé du corps et de l'âme, *mentis et corporis sanitate gaudere.* » Il aimait les chants de l'Église, ce « *Rorate* plein de gémissements et d'élans vers le ciel » ; il aimait les fêtes qui, nous arrachant aux monotonies et aux vulgarités de la vie terrestre, ramènent sous nos yeux les touchantes et sublimes péripéties du drame évangélique. « Les

hommes pourront vous dire de beau et de subtil. » (L. III, cap. XLIII, 1.)

1. A Jean-Baptiste Racine, lettre du 24 septembre 1694.
2. A Jean-Baptiste Racine, lettre du 23 juin 1698.

jours qui précèdent et ceux qui suivent la fête de Pâques, écrivait-il le 9 avril 1863, sont remplis de générations mystérieuses : bien des âmes entendent alors la parole de Dieu et renaissent à la foi. » Au mois de juin de la même année : « C'est dimanche la solennité du Saint-Sacrement : cette fête nous reposera, nous adoucira les mauvais jours que nous traversons. Nous sentirons plus vivement la présence de Dieu, et nous n'aurons sous les yeux que des choses aimables. Jésus-Christ nous apparaîtra au milieu des fleurs, des enfants et des parfums, et nous serons tentés de dire comme les apôtres : *qu'il fait bon ici !* »

Amand s'émouvait et trouvait un plus pénétrant langage lorsqu'arrivait pour son frère la date des ordinations. « Tu touches à une grande époque de ta vie : le moment du sous-diaconat approche. Nous demandons à Dieu de t'éclairer et de te fortifier. Il n'est pas de sacrifice qui n'ait son jardin des Oliviers. Nous prions Dieu d'adoucir tes derniers combats. » (17 novembre 1862.) « ... Tu es donc appelé au sous-diaconat... Que Dieu te bénisse et te fortifie ! Que tes derniers combats soient, pour emprunter une image à saint Augustin , comme *une agonie qui conduit non point à la mort, mais à la véritable vie !* » (10 décembre 1862.) Et, le 28 mai 1863, quand son frère achevait la retraite préparatoire au diaconat : « La grande semaine touche à sa fin, lui écrivait-il. Pendant toute cette semaine, nous avons prié pour toi et nous avons redit avec l'Église : *Veni, pater pauperum ; veni, dator munerum ; veni, lumen cordium*[1] ! Demain, le Saint-Esprit descendra sur toi. Que nous voudrions être à ce sacre qui donne empire sur les âmes, *regale sacerdotium !* Puissions-nous du moins recueillir un peu de cette lumière et de cette force qui vont t'être données ! »

II

Amand lisait beaucoup, et quelquefois, il a paru se reprocher son dilettantisme comme une paresse. « Hélas ! je suis un peu comme les *lazzaroni :* j'aime à m'asseoir au soleil, dans un calme enivrant ; mon soleil à moi, c'est un bon et beau livre. » (23 juin 1862.) Je me garderais

---

1. « Venez, ô père des pauvres ! venez, distributeur des dons célestes ! venez, lumière des cœurs ! »

bien de proposer ce dilettantisme comme un modèle à suivre : « Une vie formée sur ce modèle ne finirait-elle pas par fatiguer? » s'est demandé un délicat esprit qui en avait tracé le plus séduisant tableau [1]. Et puis, et surtout, nos courtes heures nous ont été données pour l'action et la lutte. Si Amand n'a pas trop regretté ce dilettantisme qui d'ailleurs ne l'a jamais pris tout entier, c'est qu'il ne se sentait pas le désir ni ne se reconnaissait la puissance d'entreprendre une œuvre. Il se jugeait avec une sévérité exempte de dépit et d'amertume. « Je ne mérite point, écrivait-il à son frère (24 mai 1872), l'éloge que tu fais de certaines parties de mes lettres. Je ne dis pas que çà et là il ne se rencontre point une idée heureusement exprimée; mais cela est écourté : rien n'est fortement accusé et développé. »

Amand a donc aimé les lettres avec le plus pur et le plus parfait désintéressement, car il ne les a aimées que pour elles-mêmes, et il s'est oublié dans l'extase, nécessairement fugitive et incomplète, où leurs chefs-d'œuvre le plon-

1. S. de Sacy, *Variétés*, I. Littérature, xx.

geaient. « Dût-on être soi-même anéanti, disait Gœthe de je ne sais quel tableau, on n'en souhaiterait pas moins l'éternelle durée de ce chef-d'œuvre. » C'est là l'exacte formule du *pur amour* du beau, et, s'il l'eût connue, Amand aurait eu le droit de la redire. Ses préférences allaient aux beautés simples et grandes, surtout lorsqu'une saine mélancolie venait les attendrir. Dans les pages ardentes que Montalembert a intitulées : *Une nation en deuil*[1], il aimait « cette simple voix d'enfant ou de jeune fille qui faisait résonner *dans un jardin solitaire ou près d'un foyer intime* » les notes plaintives du *Boze cos polske ;* dans telle conférence de Lacordaire, ce cri éloquent : « Malheur aux princes, aux hom- « mes d'État, aux nations, qui ne songent plus « qu'à mourir dans leur lit !... Que leur reste-t-il « de ce qui est dans l'âme du dernier soldat épar- « gné par le sort, et qui, *mourant loin des fan- « fares et des silences des batailles*, regrette en « priant Dieu, de n'être pas tombé au champ de « l'honneur[2] ! » De Lacordaire encore, il aimait

1. *Correspondant* du 25 août 1861.
2. Soixante-sixième conférence de Notre-Dame : *De la réparation.*

le mouvement qui termine la *troisième lettre sur la vie chrétienne* : « Cette double image de l'Église et de la patrie me rappelle trop tous mes souvenirs, mon berceau et mon baptême, *les genoux de ma mère...* » et ce trait qui, dans l'oraison funèbre de M. de Forbin-Janson, achève une peinture du mont Valérien et du paysage que l'œil découvre de ce sommet : « Il était impossible de s'asseoir là sans que l'âme y fût visitée par de bonnes visions, tant la nature y était belle, *l'espace sublime*, les souvenirs radieux [1]. » Épris de l'émotion contenue et de la grâce discrète, Amand eût fait sien le mot de Périclès : « Nous aimons le beau simple [2]; » et répété celui de Joubert : « Où il n'y a point de délicatesse, il n'y a point de littérature [3]. » Son goût sévère n'était cependant pas exclusif : ce

1. De cette page de Lacordaire, qui excelle à décrire les lieux, parce qu'il les éclaire et les embrase aux feux de son imagination et de ses souvenirs, on peut en rapprocher une autre où Chateaubriand dépeint le même paysage. (*Conservateur* du 3 mai 1819.) La description de Chateaubriand n'est pas moins éclatante, mais le dessin y est peut-être plus net et plus ferme.

2. Thucydide, *Guerre du Péloponèse*, II, 40.

3. *Pensées*, titre XXIII; *Des qualités de l'écrivain*, etc., titre XXIV.

qui rend exclusif, c'est bien moins la règle que le caprice. Dans ses lettres, il loue les ouvrages les plus divers, lorsqu'ils ont charmé ou élevé son âme. Commençons par les contemporains. « Je lis maintenant, écrivait-il le 23 juillet 1861, le *Précis de l'histoire de France* de Michelet[1], et les *Œuvres* de l'évêque de Poitiers. Ce sont des auteurs bien dissemblables ! Michelet a l'expression qui peint et touche... Il y a chez lui telle phrase que ne désavouerait pas M. de Montalembert, celle-ci par exemple : *L'Ordre de Saint-Benoît donne au monde ancien, use par l'esclavage, le premier exemple du travail*

---

1. Faut-il rappeler que dans l'œuvre comme dans la vie de Michelet il y a deux parties ? Quoiqu'il eût demandé le baptème à dix-huit ans, Michelet n'a jamais été à proprement parler un *fidèle*, et, dans les premiers volumes de son *Histoire de France*, trop de paradoxales hardiesses et d'erreurs doctrinales l'attestent ; mais par bien des endroits il comprenait l'action bienfaisante de l'Église ; il savait gré au christianisme des consolations et des vertus dont les générations du moyen âge lui avaient été redevables. Plus tard, sous des influences où la science n'avait rien à voir. Michelet, aveuglé par la haine, brûla ce qu'il avait à demi adoré et n'exauça que trop un souhait méchant de Sainte-Beuve, qui eût voulu *le corriger par un peu de Voltaire*. Le *Précis de l'histoire de France* appartient plus à la première inspiration de Michelet qu'à la seconde.

accompli par des mains libres. Cette grande innovation sera une des bases de l'existence moderne...

« Je ne puis ne pas admirer le talent de Mgr Pie. Sa phrase marche avec majesté : elle a toute la dignité d'un pontife. J'ai admiré beaucoup l'oraison funèbre de Mme de la Rochejaquelein. En voici un extrait : *Tandis qu'elle dictait ses longues et charmantes lettres dont sa chère Vendée était toujours l'objet, ses doigts travaillaient encore. Durant ces délicieux récits qui tenaient autour d'elle toute la famille attentive, elle n'abandonnait pas son tissu de laine; tout au plus, dans le feu de la narration, quittait-elle un instant l'aiguille qu'elle enfonçait dans la blanche et abondante chevelure qui recouvrait son vénérable front; mais, un moment après, elle reprenait son cher entretien et poursuivait sa trame avec ses discours.* Ces détails si simples et si naïfs, ne dirait-on pas qu'ils sont empruntés à l'*Odyssée ?* »

Nous avons déjà dit quelle vive sympathie Amand ressentait pour l'évêque d'Orléans. Du livre de *l'Éducation* il écrivait (26 janvier 1862) : « Le chapitre qui traite de la mère creuse dans l'âme un sillon où viennent germer les pensées. C'est avec de tels chapitres qu'il est facile d'appliquer le mot de Fénelon : *Lisez et pensez sur vos lectures.* » Pour lui comme pour le public, les brochures de l'intrépide évêque étaient des événements. S'il a quelquefois apprécié avec sévérité le style de Mgr Dupanloup[1], il n'en a exprimé qu'une plus franche admiration pour les œuvres qui lui paraissaient marquées au cachet du beau. Il avait applaudi à la mémorable brochure *La Convention du 15 septembre et l'Encyclique du 8 décembre.* Dans une lettre du 29 avril 1865, il rapporte, en la faisant sienne, l'appréciation d'un ancien maître, d'un ami dont il prisait le goût attique. « La dernière brochure de l'évêque d'Orléans ravit l'abbé Charles L... Mgr Dupanloup excelle, dit-il, dans la brochure *littéraire et polie.* Cette comparaison du *nœud coulant* qui se trouve dans la conclusion de la première partie, est, selon lui, homérique[2]. » A propos

---

1. « L'évêque d'Orléans possède le secret de l'éloquence, mais souvent il a une phrase un peu molle ; il ne crée pas son expression, il la trouve dans ses souvenirs. » (11 mai 1861.)

2. « Dans les forêts, quand un bûcheron veut jeter à terre un chêne séculaire, il abat les branches principales, puis il

d'une autre brochure où l'évêque d'Orléans com-
battait les innovations pédagogiques de M. Duruy
— premières hardiesses qui depuis lors ont été
si dépassées, — Amand écrivait (25 février
1868) : « La dernière partie (de cette brochure)
est d'une beauté suprême ; il y a là des traits
qui sont de la plus pure antiquité. Je ne puis
comparer l'évêque d'Orléans qu'aux grands classiques. Parlant de la jeune fille qui a un père
impie, Mˢʳ Dupanloup dit qu'elle ressemble à
*ces fleurs qui, dans les contrées arides, croissent
au pied des rochers*. Ce sont là à peu près les
termes dont il se sert. Est-ce que cela n'est pas
dans le goût de Virgile ? »

Amand se plaît aussi aux œuvres pieuses et
savantes d'un autre maître qui n'a rencontré
qu'une gloire discrète comme sa vie et comme
son talent : « Je lis toujours l'*Esquisse de Rome
chrétienne*, par Mˢʳ Gerbet : ce livre me ravit et

frappe le pied de l'arbre à coups de hache répétés ; et, avant
de finir, il passe à la cime un nœud coulant, il en tire fortement le bout, puis il s'écarte et se met à l'abri : le géant
s'affaisse, et l'on peut croire qu'il est tombé seul, de son
propre poids.

« Cette convention, aux mains du roi d'Italie, est, à mes
yeux, le nœud coulant aux mains du bûcheron. »

m'instruit tout à la fois. Mgr Gerbet n'a point les éclats du P. Lacordaire ni les grandes harmonies du P. Gratry; il a quelque chose d'intime et de voilé; ses œuvres ont la douceur et la pureté d'une fresque de Flandrin. Sa voix est comme une mélodie. Il me semble cependant que c'est une âme un peu subtile qui se plaît à trouver entre les faits et les choses d'ingénieux rapports. La finesse de son regard découvre des beautés qui échappent aux yeux vulgaires. » (7 décembre 1864.) Et encore : « Mon Dieu! quel beau livre! Mgr Gerbet possède à un haut degré cet art des nuances et cette langue de l'imagination dont tant d'écrivains abusent. » (27 décembre 1864.)

Amand a nommé Gratry et Lacordaire; ces deux grands esprits lui avaient inspiré de bonne heure une admiration échauffée par l'amour, et jusqu'à la fin il vécut dans le commerce de leurs œuvres. « Je viens de lire la *Paix*, du P. Gratry, écrivait-il en juin 1861. Quel écrivain que le P. Gratry! Quel puissant coloriste! Comme sa phrase est pure et limpide! Je ne sais, mais je ne puis le lire sans me rappeler Virgile : il a les images douces et grandes du poète. *Mes yeux se portaient vers l'autre côté du globe qui voguait dans la nuit. Je le voyais dormir sous l'étincelant regard des étoiles.* Je ne puis rendre l'impression que cette image a produite en moi. » Désormais, sur l'éloge du P. Gratry, Amand ne tarira point. Est-ce à dire qu'il vante tout, et que dans l'œuvre du hardi penseur tout lui paraisse également clair et également solide? A cette question, il va répondre : « J'oserai dire que le style du P. Gratry a parfois le vague de la musique et que la pensée n'est point toujours fermement dessinée. » (13 mars 1862.) « Certes, le P. Gratry n'a ni la vigueur ni la sûreté de Bossuet; sa pensée a des perspectives profondes mais vagues. » (Février 1864.) « ... Dans ses idées il y a parfois comme des nébuleuses. » Ces réserves faites, l'admiration peut s'épancher. « Je viens de lire les *Sources.* Quelle poésie! quel élan! quelle pénétrante harmonie!... que d'idées neuves, que d'éclaircies vastes et lumineuses il y a dans ce petit livre! Au chapitre second (de la seconde partie), le P. Gratry raconte, sous la forme d'une vision, quelques phases de sa vie. *Tout à coup j'aperçus avec une vive tristesse, qu'à l'âge où je me voyais parvenu, mon père dépassait de bien loin les limites ordinaires de la vie. Mon père mourait et j'étais à son lit de mort.*

« Ma mère, ma mère presque adorée, survivait jusqu'à l'âge le plus avancé. Mais enfin elle aussi elle mourait. Abreuve de douleur, je lui fermais les yeux.

« Il y a là comme des stances qui semblent tomber et mourir. »

En présence des mélancolies de l'automne qui décline, d'autres *stances* du P. Gratry reviennent à la mémoire d'Amand. « Nous sommes en novembre (1862); la température est assez douce, le ciel légèrement voilé, et le soleil a de tièdes et humides rayons. Je ne puis pas ne pas me rappeler avec attendrissement et avec larmes (car toute profonde émotion se traduit par des larmes) ce tableau du P. Gratry : *Ce n'est plus mon automne et sa moisson, et la sérénité de ses jours calmes, et la riche teinte de ses bois*[1]. » Ce n'est pas seulement l'automne qui lui rappelle les *stances* du mélodieux penseur. « Que notre été est beau! écrivait-il en juin 1865. Plus de

---

1. *Connaissance de l'âme : l'Hiver*, IV.

pluies, un perpétuel soleil. Je jouis plus que tout autre de cet inaltérable beau temps. Et cependant ne peut-on pas dire avec le P. Gratry : *Comme l'été s'avance fièrement en foulant toutes les fleurs!* Les roses de notre petit jardin, si vives et si épanouies, pâlissent déjà. A propos du P. Gratry, je viens de relire *l'Automne et l'Hiver.* Quelle abondance! quelle plénitude! C'est un chant qui remplit et qui soulève l'âme. Çà et là se détachent des notes qui pénètrent et font pleurer. Lacordaire n'arrive point à cette ampleur de ton ; il n'a point ce sens musical que possède à un si haut degré le P. Gratry. Il faut lire et relire ces dernières pages de la *Connaissance de l'âme;* il faut s'en pénétrer, laisser passer et repasser sur son âme ces flots d'harmonie... »

Que de fois encore il reviendra sur ces merveilleux chapitres! Le 25 janvier 1870, il écrivait : « J'ai relu ces jours derniers *l'Automne et l'Hiver.* Je ne sais si je ne me trompe, mais il me semble, en lisant ces deux chapitres, entendre une symphonie de Beethoven. Comme les phrases se déroulent dans un rythme grave et lent! La fin est triomphante. C'est l'orchestre

3.

rassemblant tous ses instruments dans une puissante harmonie. »

J'ajouterai qu'à côté de ce « traité de la vieillesse », trop peu connu d'une génération qui d'ailleurs ne connaît guère mieux celui de Cicéron, Amand en plaçait un autre écrit par une plume qui lui était chère. Rien de plus légitime que de rapprocher ici les noms du P. Gratry et de Mme Swetchine, *l'Automne et l'Hiver* de l'un et les pages ailées que l'autre a consacrées à la vieillesse. Je le sais, des différences signalent ces deux œuvres. Le P. Gratry dépeint la vieillesse qui commence dans les brouillards encore brillants de l'automne, parmi les *ceps brûlés, prêts à ruisseler le vin*, et qui s'achève dans la solitude et le silence, dans *la glace et la neige*, parmi *les troncs noirs et les branches cassées*. Chez lui, l'accent va toujours s'attristant, et, seule, la foi empêche cet accent d'être désespéré. C'est seulement à la fin que l'âme se livre à une confiance qui devient de l'enthousiasme et de la joie. *Et maintenant allons à la dissolution! Je connais la dissolution par mes ravissements et mes extases.* Dans le Traité de Mme Swetchine, il n'y a pas de tristesse ; tout au plus y rencontre-t-on une mélancolie sereine qui s'égaye de sourires. Ce qui attriste, ce sont les espérances déçues, c'est la rapidité de nos jours, c'est la fuite de nos joies; mais Mme.Swetchine qui *n'espérait plus aux promesses du monde*, aspirait aux joies d'en haut et trouvait bien long son pèlerinage. Aussi le trait final de son admirable opuscule n'est-il pas le cri d'une âme qui échappe à ses déceptions et à ses tristesses et se tourne vers Dieu, c'est la paisible conclusion d'une existence d'où l'amour a dès longtemps chassé l'angoisse et le regret. *Je me recueille, ô mon Dieu! à la fin de ma vie comme à la fin d'une journée, pour vous apporter les pensées de ma foi et de mon amour. Les dernières pensées d'un cœur qui vous aime ressemblent aux derniers rayons plus intenses et plus colorés avant de disparaître. Vous avez voulu, ô mon Dieu! que la vie fût belle jusqu'au bout!...*

Comme Amand passait du *Traité de la vieillesse* de Mme Swetchine à ses lettres qu'il ne goûtait peut-être pas assez, ainsi de la *Connaissance de l'âme* il passait aux autres ouvrages du P. Gratry. Il lira les *Méditations* que des mains filiales ont publiées après la mort de l'illustre oratorien, et il écrira sur les *Souvenirs de sa jeunesse* une étude qu'on trouvera à la fin de ce volume. Le *Petit Manuel de critique* fixe aussi son attention. « Le P. Gratry, écrivait-il en juin 1866, démasque et apprend à démasquer les sophistes. C'est un étrange système philosophique que celui de M. Renan ; il aboutit au renversement de la raison et à la négation de la vertu. En effet, *si tout est identique, si tout se vaut*, si Dieu n'est qu'une idée sans réalité vivante, pourquoi la vertu, pourquoi la lutte contre les penchants agréables à la nature ? » Au mois d'avril de la même année, Amand avait lu *Henri Perreyve*, du P. Gratry, et il écrivait : « Nous ne connaissions point l'abbé Perreyve ; nous ne savions point ce qu'il y avait de force et de dévouement dans cette âme. Le P. Gratry nous a dévoilé tous les trésors de ce cœur de prêtre dans la langue à la fois philosophique et poétique dont il a le secret. »

Dans cette biographie, retraçant un de ses entretiens avec Henri Perreyve, le P. Gratry s'était attaché à décrire l'épreuve formidable qu'il nomme la *Tentation du tout ou rien*. « Les plus grandes âmes, les plus vigoureux esprits, disaient les deux interlocuteurs, sont quelquefois placés... en présence du doute absolu : *tout ou rien*. Les plus vigoureux retrouvent le tout en un instant. Les esprits déprimés et faibles ne sauraient rien retrouver par eux-mêmes ; ou ils n'ont pas l'épreuve, ou bien ils s'en tirent avec un bon sens méritoire en refusant de regarder ; ou enfin, si, par une très coupable faiblesse, ils laissent attirer vers l'abîme leur regard fasciné, il se peut que la vue de l'ombre absolue les éteigne. Alors ils ne croient plus à rien et ne comprennent plus rien : leur raison est déracinée. Que si, avec cela, ils prétendent enseigner, leur dogme doit consister à nier la raison, et ce sont des sophistes proprement dits. Les sophistes sont les vaincus de l'épreuve intellectuelle radicale[1]. » Depuis l'époque où cette page vigoureuse a été écrite, le nombre des *vaincus de l'épreuve intellectuelle et morale* n'a pas diminué ; à cette heure, ils remplissent de leurs hautaines négations ou de leurs clameurs désespérées tous les domaines de la philosophie, de

---

1. *Henri Perreyve,* chap. vii : *la Mort,* II.

la science, de la poésie. Quoique aucune tentation n'eût jamais effleuré sa foi, Amand, par pénétration intellectuelle et aussi par commisération pour les âmes, savait se rendre compte des périls et des souffrances du doute. « Je comprends très bien cette terrible épreuve du *tout ou rien* dont parle le P. Gratry. Beaucoup y succombent, sinon d'une manière raisonnée, du moins d'une manière pratique. On finit par penser et le plus souvent par agir comme s'il n'y avait que des ombres et des chimères en ce monde et en l'autre. Pour moi, si je n'étais chrétien, je serais sceptique[1]. Mais je suis chrétien, et le christianisme, bien qu'enveloppé de mystères, m'apparaît comme la grande donnée,

---

1. Non certes que la raison seule ne puisse connaître et affirmer certaines vérités religieuses et morales; mais celui à qui les vérités chrétiennes paraissent insuffisamment démontrées n'est-il pas exposé à trouver insuffisante aussi la preuve des vérités purement rationnelles ? « Le déisme pur est une frontière étroite où bien peu se sont maintenus sans revenir plus ou moins au Dieu vivant de l'Évangile ou sans glisser de l'autre côté, dans la philosophie oublieuse de Dieu, » a dit l'historien du déisme anglais, M. Édouard Sayous, noble esprit auquel nous adresserions volontiers le souhait célèbre : « Étant ce que vous êtes, que n'êtes-vous complètement des nôtres ! »

comme la grande force contre l'erreur et le vice. »

Amand avait lu les œuvres du P. Lacordaire avant de lire celles du P. Gratry, et tout de suite il avait conçu pour l'orateur de Notre-Dame une admiration où entraient l'amour et le respect. Lui qui avait parfois le don des mots heureux, il trouvait *lumineuse* la métaphysique de Fénelon, et *éclatante* celle de Lacordaire dans les conférences de Toulouse; je n'oserais affirmer que, même dans sa pensée, le second éloge l'emportât sur le premier. Comme toute la France catholique, comme ceux-là surtout qu'une filiation invisible rattachait à Lacordaire, il a suivi d'une inquiétude haletante les progrès d'un mal irrémédiable; il a prié pour écarter la mort qui menaçait le Père; quand la mort eut frappé, il assista en idée aux funérailles de Sorèze, il s'associa aux hommages qui changeaient ces funérailles en triomphe. « Le P. Lacordaire est donc mort, écrivait-il le 24 novembre 1861. Les larmes remplissent mes yeux. Pourrais-je ne pas pleurer cet homme qui fut pour la jeunesse chrétienne et française un ami et un père? Nous ne l'avons plus auprès de nous pour nous aimer et nous éclairer, cet homme d'un génie si hardi et si tendre, d'un cœur si pur et si aimant! J'ai eu le bonheur de voir le P. Lacordaire; après l'avoir vu, je voulais le revoir. Jamais je n'oublierai la sereine lumière qui lui sortait des yeux et qui lui formait comme une auréole. « Le « P. Lacordaire meurt comme un patriarche en-« touré de ses enfants, » disait le curé de Sorèze, dans une lettre adressée à l'*Union*. Et moi je dirai : il meurt au milieu des larmes et des prières de toutes les âmes qui l'ont aimé, âmes nombreuses dont la seule consolation est de redire avec l'Église : *Lux perpetua luceat ei.* » Et le 8 décembre : « Continue à m'entretenir de cet homme avec lequel j'aime à vivre par la pensée, et qui à moi comme à tant d'autres a redit souvent le *Sursum corda!...* » Le 13 décembre 1861, il écrivait : « J'ai lu l'article sur les funérailles du P. Lacordaire. Nous ne connaissons point le P. Lacordaire; nous ne connaissons point toutes les splendeurs de cette âme. Mon Dieu! que les âmes qui vous aiment sont belles! qu'on est heureux de les aimer! » Et le 23 décembre : « Je viens de lire la notice sur les derniers moments du P. Lacordaire...

cinq heures (le jour de sa mort), *il demanda à changer de linge et fit arranger son lit. Puis il demeura à moitié assis, immobile, ne se remuant guère que pour remercier affectueusement le domestique, dont il attira et tint longtemps la tête sur son cœur.* Ce trait m'a touché jusqu'aux larmes. Ainsi le dernier acte du P. Lacordaire a été un acte de reconnaissante tendresse. Le P. Lacordaire a béni et baisé tous les élèves de Sorèze. Ah! cette bénédiction et ce baiser seront féconds. La génération de Sorèze qu'a touchée le souffle du saint religieux sera chaste et forte. »

Amand fut heureux d'apprendre que M. de Montalembert préparait une notice sur son illustre ami. « Les grandes pensées jaillissent du cœur. Attendons-nous à des pages éloquentes... » Elles paraissent, ces pages embrasées des ardeurs généreuses dont l'âme de Montalembert était le foyer. « J'ai reçu le *Correspondant* : j'y ai trouvé la première partie du travail de M. de Montalembert...... » Cette puissante esquisse où Montalembert s'est peint lui-même en même temps qu'il peignait son ami, c'est avec joie qu'il la voyait aux mains d'amis étrangers à sa foi. « W... lit en ce moment la *Vie de Lacordaire* par M. de Montalembert. Il m'a cité avec enthousiasme ces pensées du saint religieux : *Un grand cœur dans une petite maison.... La gloire comme la beauté s'illumine dans la pudeur.* » (6 novembre 1862.)

Puis, à propos d'une photographie représentant Lacordaire sur son lit de mort : « Je ne dirai pas, imitant Bossuet : *le voilà tel que la mort l'a fait;* non, la mort l'a respecté, il a conservé la majesté et la sérénité de son front. Ce n'est plus le jeune prêtre dont M. de Montalembert a tracé le portrait; c'est un chrétien épuisé par les douloureuses fatigues de l'apostolat et de la pénitence : il a donné son fruit. » Et lorsque l'abbé Perreyve eut ouvert à notre admiration le trésor épistolaire qu'il tenait de son maître, Amand écrivit : « Je me propose de lire incessamment les *Lettres du P. Lacordaire à des jeunes gens.* Ces lettres me feront bien : elles seront pour moi comme les chapelles latérales des églises gothiques, chapelles dont l'ombre mystérieuse appelle et entretient la prière. Eh ! ne peut-on pas comparer l'œuvre entière du grand dominicain à une majestueuse église gothique ? » (10 décembre 1862.) Il lit ces lettres et il écrit (23 janvier 1863) : « Elles sont plus belles que les *conférences,* parce qu'elles sont plus simples. Elles savent toucher les points sensibles de l'âme et faire couler de belles et délicieuses larmes. Elles font aimer la terre et espérer le ciel. » Les lettres à Mme Swetchine ne lui plurent pas moins, et il semble même qu'elles eussent de quoi lui plaire davantage, car elles déroulent toute la vie de Lacordaire, et elles ont une ampleur qui manque parfois aux *Lettres à des jeunes gens.* « Je lis en ce moment les lettres du P. Lacordaire à Mme Swetchine.... Il y a dans ces lettres un mélange de gaieté et de mélancolie, de douceur et de force qui émeut... Parlant des premiers jours de son noviciat, il dit qu'il eut des moments de faiblesse ; il regretta les chauds foyers, mais il s'abandonna à Dieu, et les consolations vinrent dans son cœur *avec la douceur d'une mer qui caresse ses grèves en les couvrant....* » (Juin 1864.)

Si parmi les contemporains, Amand goûtait surtout Gratry et Lacordaire, s'il aimait leurs œuvres parce qu'elles défendent et parent la vérité catholique, il ne s'enfermait pas dans une admiration dédaigneuse de tout le reste. Il faut, par exemple, l'entendre parler de Berryer et de Guizot. « On se plaint beaucoup du temps ; pour moi, je ne m'en plains pas. On l'a dit : c'est un grand maître que le temps ; il édifie, éclaire, et donne aux vraies beautés je ne sais quoi qui les complète et les consacre. Sans doute, il flétrit les fleurs, mais il conserve au soleil la lumière et la force ; il respecte les grands génies, et leur donne des élans que leur jeunesse ne connaissait pas. Vois Berryer : c'est toujours le même orateur ; que dis-je ? il grandit. Pour s'en convaincre, il suffit de lire son discours au Corps législatif. » (21 janvier 1863.) Moins chaleureux peut-être, son accent sur Guizot est respectueux et sympathique. « J'ai lu avec charme le discours de M. Guizot à l'Académie française (pour la réception de Prévost-Paradol). La parole de M. Guizot est sobre et calme, elle a un éclat tempéré et une émotion contenue. Elle me rappelle ce que dit Cicéron de l'éloquence des vieillards : *tamen decorus est sermo senis, quietus et remissus : facitque persæpe ipsa sibi audientiam diserti senis compta et mitis oratio* [1]. M. Guizot a rendu un touchant hommage à la vertu, à la jeunesse, au talent de l'abbé Perreyve.» (18 mars 1866.) Thiers obtient de moindres éloges : « M. Thiers ne m'inspire qu'une médiocre admiration. C'est un talent peu élevé; au lieu de s'éclairer à la lumière des principes, il s'éclaire à la lumière des faits : il est en politique ce que M. Dupin est en droit. Qu'il est loin de M. de Montalembert, et qu'un peu de christianisme lui ferait de bien ! Sa phrase a les *pieds légers* d'Achille ; elle est brillante, mais elle est aussi parfois bien creuse. » (21 janvier 1863.) Amand ne méconnaissait cependant pas les parties éminentes du talent de Thiers ; il admirait sa merveilleuse aptitude à débrouiller les questions les plus abstruses ; lorsque Thiers défendait au Corps législatif le pouvoir temporel du Pape, et, avec trop de réserves rationalistes, vengeait d'ineptes attaques le catholicisme, il ne lui marchandait pas les éloges : « Je viens de lire un magnifique discours de M. Thiers sur la *ques-*

---

1. « La parole d'un vieillard est belle, reposée et calme ; et, très souvent, son habile et paisible éloquence se crée des auditeurs. » (*De senectute*, cap. IX.)

tion romaine. Au nom de l'histoire, au nom de nos plus sages traditions, l'illustre orateur condamne notre politique en Italie. Quelle parole vive, sagace et parfois légèrement railleuse !... En défendant le Pape, M. Thiers a fait *un acte de courage :* Dieu lui en tiendra compte. Quels éclairs de bon sens, et, çà et là, quelle émotion ! *Cette vieille foi de notre patrie qui a inspiré Athalie et Polyeucte,* et qui s'est mêlée à tous les grands événements de notre histoire, cette vieille foi, dis-je, émeut et attendrit la brillante parole de M. Thiers. Au milieu des douleurs présentes, en lisant ce discours, j'ai ressenti une joie profonde, et, à part quelques réserves, tu l'éprouveras comme moi. » (Avril 1865.)

Les poètes — certains poètes du moins — lui étaient chers. « Je lis maintenant les *Symphonies* de Victor de Laprade, que je ne savais pas si grand poète. Son vers a de l'éclat, du ressort et des vibrations. Permets-moi quelques citations :

> Prends-nous à ta journée, ô ma France féconde !
> Toi qui, pour le salut ou la gaîté du monde,
> Fais couler tour à tour ton sang et tes bons vins.

« Plus loin, parlant des *taureaux*, il dit :

> J'aime la majesté de votre doux sommeil,

Quand la splendeur du soir, dorant votre poil sombre,
Sur les prés rougissants où s'allonge votre ombre,
Semble aux cornes d'ébène attacher un soleil.

« Dans le même recueil se trouvent ces stances que je ne puis lire sans émotion : *Feuilles, tombez* [1]...» Les *Idylles héroïques* lui inspiraient une admiration plus vive encore que les *Symphonies*. Quelques romans même l'attiraient : ce qu'il y cherchait, c'était moins le développement dramatique de l'action, que la peinture des caractères, les paysages et le style. « Le *Correspondant*, écrivait-il le 7 avril 1862, publie une charmante nouvelle de Xavier Marmier (*Hélène et Suzanne*). Les mœurs et les paysages de la Franche-Comté y sont dépeints avec une fraîcheur et

1. Fais tes adieux à ta folle jeunesse ;
    Cesse, ô rêveur abusé si souvent,
    De souhaiter que la feuille renaisse
    Sur tes rameaux desséchés par le vent.

    Ce doux feuillage obscurcissait ta route,
    Son ombre aidait ton cœur à s'égarer ;
    La feuille tombe, et, sillonnant la voûte,
    Un jour plus pur descend pour t'éclairer.

    Oui ! si les bois, l'ombrage aimé du chêne,
    Ont trop caché la lumière à mes yeux,
    Soufflez, ô vents, que Dieu sitôt déchaîne !
    Feuilles, tombez ! laissez-moi voir les cieux !

une délicatesse d'impressions qui me ravissent. »
Il avait goûté la *Sibylle* d'Octave Feuillet, et, dans
l'*Isis et Osiris* de François Beslay, rencontré
« quelques scènes d'une poésie simple et pure ».
Les *Causeries* hebdomadaires que publiait alors
Sainte-Beuve l'attiraient quelquefois. « Cet écrivain me surprend toujours ; son style est une
fine broderie, pleine de points merveilleux.
Il fait en ce moment une étude sur Théophile
Gautier. Théophile Gautier n'écrit pas, il
sculpte, il peint. Hélas ! sur toutes ses sta-
tuettes ·il faut jeter un voile. » (18 novembre
1863.) Quand parurent dans les journaux les
premiers extraits des *Misérables*, il les effleura
du regard. « J'ai lu, écrivait-il, un épisode
du roman de Hugo. C'est toujours la même ex-
travagance de style et d'idées ; c'est toujours la
réhabilitation du criminel qui s'accomplit, non
par le repentir et la pénitence, mais par l'exaltation des vertus naturelles, je devrais dire par
les instincts. » (7 avril 1862.) Les beautés cependant ne lui échappent pas. « Victor Hugo, qui
trop souvent aime les tons bizarres et discor-
dants, trouve, quand il le veut, des notes d'une
pureté et d'une douceur ineffables. »

Toutefois, sans méconnaître que cet étrange
et colossal génie a doté de cordes nouvelles la
poésie française ; sans méconnaître non plus la
beauté désespérée de certains accents de Musset [1], en tête des maîtres chanteurs de notre
siècle, il plaçait Lamartine et Chateaubriand.
Nous ne sommes pas en vain de la génération
que Chateaubriand et Lamartine ont mar-
quée de leur empreinte, et nous vérifions par
nos attraits et nos préférences le mot de
Mgr Baudry : *Notre vie est tout entière dans
nos origines.* Amand trouvait bien quelques
longueurs dans *Milly, ou la Terre natale*, mais il
se plaisait à redire ces vers :

> J'ai vu des cieux d'azur, où la nuit est sans voiles,
> Dorés jusqu'au matin sous les pieds des étoiles.
>
> . . . .
>
> J'ai visité ces bords et ce divin asile
> Qu'a choisis pour dormir l'ombre du doux Virgile,
> Ces champs que la Sibylle à ses yeux déroula,
> Et Cume, et l'Élysée : et mon cœur n'est pas là !...

Et, en vérité, que cette *Harmonie* est belle !
Dans deux mille ans, s'il y a encore une langue

---

1. « Çà et là, au milieu de ses élans impurs, Musset
pousse des cris déchirants : la terre lui manque, et trop
souvent il oublie de regarder le ciel. » (17 novembre 1862.)

française, on relira avec émotion ces premières stances d'une saine mélancolie et d'une beauté souveraine :

Pourquoi le prononcer, ce nom de la patrie ?...

Et, souvent, pour goûter le poète des *Harmonies*, la foi n'est pas moins à l'aise que le sentiment esthétique. Ces beaux vers de l'*Hymne de la nuit* :

Le jour s'éteint sur les collines,
O terre où languissent mes pas !
Quand pourrez-vous, mes yeux, quand pourrez-vous, hélas !
Contempler les splendeurs divines
Du jour qui ne s'éteindra pas ?

rendent le même accent que le chapitre de l'*Imitation* : *De die æternitatis et hujus vitæ angustiis*. C'est aussi un accent pleinement catholique qui vibre dans cette autre harmonie : *Hymne du soir dans les temples* :

Salut, ô sacrés tabernacles,
Où tu descends, Seigneur, à la voix d'un mortel !
Salut, mystérieux autel,
Où la foi vient chercher et son pain immortel,
Et tes silencieux oracles !

On le sent à chaque strophe des *Harmonies*, ces merveilleux poèmes écrits parfois avec la plume d'Ovide, mais sortis de l'âme de Virgile, datent de l'époque radieuse où Lamartine avait trouvé tout ensemble la vérité, la paix et la gloire. Qu'il ait fidèlement gardé le premier et le plus précieux de ces trésors, nous ne le prétendrons pas ; du moins, le poète qui, au plein midi de sa renommée, avait confessé le Christ, l'eut pour consolateur aux jours de sa vieillesse douloureuse et solitaire. La mort de Lamartine, arrivée au milieu de l'indifférence publique, émut tous ceux que ses chants avaient enivrés. « M. de Lamartine est mort, écrivait Amand le 14 mars 1869. C'était un poète dans la plus complète acception du mot. Corneille, Racine, étaient des poètes dramatiques ; Lamartine était simplement un poète. Ses moindres paroles prenaient un éclat incomparable. »

Mais, à ses yeux, c'était Chateaubriand qui menait le chœur des grands écrivains français de notre siècle. Tout, ses qualités, ses défauts même, semblaient le prédisposer à goûter l'auteur du *Génie du christianisme*. Chrétien, la première poésie qu'il eût comprise avait été celle du culte catholique ; lettré, il admirait ce

« style net avant même d'être brillant [1] », où,
parmi tant de nouveautés éclatantes et même
audacieuses, se reconnaît l'héritier des maîtres;
avec Lacordaire enfin, il aurait volontiers salué
en Chateaubriand *le roi de l'expression* [2]. Si,
parlant au nom d'une génération qui achève de
disparaître, on a pu dire avec une vérité exquise : « Nous savions par cœur ces quelques
phrases de *René* dont la seule mélodie nous
ravissait avant l'âge même où tous les souvenirs
sont mêlés de regrets [3] », combien mieux encore
il pouvait répéter ces plaintes immortelles, lui
que des séparations hâtives et une pente innée
à la tristesse avaient de si bonne heure préparé
à les comprendre ! Cependant l'œuvre préférée
par Amand n'était ni *René* ni le *Génie du christianisme.* « Je relis les *Martyrs*, écrivait-il le
23 décembre 1861, les *Martyrs* que le P. Lacordaire ne lisait pas sans pleurer [4]. Je comprends de mieux en mieux ces pages qui, il y a

1. Prince Albert de Broglie, *Études morales et littéraires,*
IIe partie : M. de Chateaubriand.
2. Lettre à Mme Swetchine (Dieppe, 27 juillet 1835).
3. Prince Albert de Broglie, *l. c.*
4. *Seconde lettre sur la vie chrétienne.*

quelques années, n'étaient pour moi qu'une harmonieuse musique. » Et encore (octobre 1862) : « Je relis en ce moment les *Martyrs*. Je ne sais, mais il me semble que je pénètre mieux que jamais le sens des mots et des choses. L'histoire d'Eudore m'attendrit. Ah ! c'est que nous nous retrouvons plus ou moins dans Eudore, avec nos fautes, nos rêves, nos tristesses et nos désenchantements. Ce n'est pas l'histoire d'un homme que nous lisons, c'est l'histoire de l'homme, surtout de l'homme du dix-neuvième siècle. Dans les chants consacrés à la Gaule, on sent que le grand écrivain est sur son terrain, et qu'il n'a qu'à frapper le sol de la patrie, pour en faire jaillir la poésie et l'éloquence. » Les diverses circonstances de sa vie, les émotions de son âme, lui rappellent le poème aimé. Quand son ami Célestin Richaud a dû le quitter, pour nourrir et aussi pour adoucir sa tristesse, il relit la lettre d'Augustin à Eudore ; il la retrouve encore dans sa mémoire, au moment où son frère s'éloigne de lui. « Involontairement, je me rappelais la lettre d'Augustin à Eudore, et je trouvais dans ce souvenir je ne sais quel charme triste. Cette lettre je ne la citerai point ; tu la connais, et sans doute, à ce moment, elle te revient à l'esprit. Comme Chateaubriand a su bien pénétrer toutes les tristesses humaines ! Malheureusement, au lieu de nous aider à les combattre, il nous les fait aimer ; avec lui, la douleur perd ce qu'elle a de viril, amollit et a presque des attraits... Ne nous abandonnons pas à de mols et énervants regrets : travaillons, au lieu de rêver. » (28 octobre 1864.) Quand il eut vu Rome, c'était parfois avec les expressions de Chateaubriand qu'il caractérisait les monuments antiques qui l'avaient frappé : « Je me rappelle très bien le tombeau de Cecilia Metella, *chef-d'œuvre d'élégance et de grandeur*, » écrivait-il ; et il reprenait avec un goût plus vif encore une lecture qui ravivait ses souvenirs : « Je ne puis donner à mon voyage un commentaire plus éloquent. Chateaubriand a compris et aimé Rome. » (7 mai 1864.)

Deux autres grands écrivains du commencement de ce siècle l'avaient aussi attiré : J. de Maistre et Lamennais. Amand disait *qu'il part des « Soirées de Saint-Pétersbourg » comme des jets de lumière électrique ;* et il écrivait le 17 no-

vembre 1862 : « J'ai lu cet ouvrage en 1858 ;
il a produit sur moi une impression que je
n'oublierai jamais... L'œil de M. de Maistre
plonge avec hardiesse dans tous les abîmes qui
nous entourent ; sa voix a même quelque chose
de mystérieux, de solennel et d'inspiré. C'est
presque un prophète. » Certes, même en n'acceptant pas toutes les assertions d'un grand esprit
qui parfois mêle à d'impérissables vérités des
vues hasardeuses, et qui, par exemple, dans sa
théorie de la chute originelle, se rapproche de
ce Port-Royal qu'il abhorrait, on a bien le droit
d'admirer l'œuvre puissante dont Sainte-Beuve
disait : « Les *Soirées* sont le plus beau livre de
M. de Maistre... L'origine du mal, l'origine des
langues, les destinées futures de l'humanité,
pourquoi la guerre ? pourquoi le juste souffre ?
qu'est-ce que le sacrifice ? qu'est-ce que la
prière ? L'auteur s'attaque à tous ces *pourquoi*,
les perce en tous sens... il en fait sortir de belles
visions[1]. »

Amand lit aussi Lamennais, et l'*Essai sur
l'indifférence* lui révèle un grand écrivain. « Ce-

1. *Portraits littéraires*, t. II.

pendant, il n'est pas toujours exempt de déclamation dans la forme, et d'exagération dans la pensée... Lamennais se plaît aux images lugubres : ce n'est point un génie radieux et serein. Il n'a point le calme puissant de Bossuet. » (Juillet 1862.)

Non, Lamennais n'a point ce calme puissant qui est la suprême caractéristique de Bossuet et du dix-septième siècle. Épris des sobres et grandes beautés de cet âge incomparable, Amand ne s'y livrait pas tout entier; il avait vers son temps, vers le temps de Lacordaire et de Gratry, de fréquents retours, et, je le crains fort, des maîtres sévères, un Nisard, un Sacy, l'eussent soupçonné, sinon de doctrines, du moins de tendances hétérodoxes. « Je comparerais volontiers la langue du dix-septième siècle à une reine qu'escortent et que gênent un peu des dames d'honneur... J'aime une phrase plus rapide. » (28 mai 1863.) Et à propos des lettres de Fénelon et de Lacordaire, il avait écrit (19 février 1863) : « Il y a entre le dix-septième siècle et le nôtre tout un abîme... Notre langue même a changé; elle a perdu sa verdeur et sa force pour revêtir, comme l'automne, je ne sais

quelles teintes brillantes et mélancoliques. Il
n'y a qu'une seule chose qui soit restée debout :
c'est la croix ; et, malgré leurs différences, Lacordaire et Fénelon se touchent et s'unissent,
parce que tous deux ils l'ont prêchée et por-
tée... » Il admire Bossuet, et plus il avancera
dans la vie, plus il trouvera à son commerce de
solides douceurs. « Il faut le dire, Bossuet plaît
peu à la jeunesse ; il est trop élevé pour elle,
trop profond, trop mâle ; chez lui, tout est grave ;
il ne séduit pas l'imagination et n'amollit pas
le cœur. Ses beautés sont austères, et il n'a souvent pour parure qu'une noble et forte simplicité. Que de suc, que de moelle au fond de tout
cela ! » (8 février 1864.) Amand avait étudié dans
ses classes les *Oraisons funèbres* et le *Discours
sur l'histoire universelle;* il les avait relus souvent depuis, et il aimait à en citer les endroits
qui l'avaient le plus frappé : cette pensée sur
Jésus-Christ : *Tous ses miracles tiennent plus
de la bonté que de la puissance*[1]; et, dans l'Oraison funèbre d'Anne de Gonzague, ce merveilleux commentaire du texte de saint Augustin :

---

1. *Discours sur l'histoire universelle*, IIe partie, ch. xix.

« Il restait la souveraine misère et la souveraine miséricorde : *Restabat magna miseria et magna misericordia.* » Mais tout Bossuet ne tenait pas pour lui dans ces œuvres auxquelles tant de générations françaises ont été nourries, et que, seule, la barbarie athée ou scientifique interdira à nos héritiers. « J'ai commencé à lire l'*Histoire des variations*... Bossuet se borne à narrer, mais quelle puissance dans son récit, et, comme dit quelque part Lacordaire, quelle douceur ! Il expose, et, appuyé sur les faits et sur la vraie doctrine théologique, il triomphe, et avec lui l'Église catholique. L'évêque de Meaux consacre deux pages au mariage de Luther : *Luther*, dit-il, *avait quarante-cinq ans, et cet homme qui à la faveur de la discipline religieuse avait passé toute sa jeunesse sans reproche dans la continence, etc.*, etc. Je ne saurais dire l'impression que ces quelques lignes m'ont causée. Dans ces mots qui paraissent si simples, il y a quelque chose qui remue l'âme : Bossuet semble pleurer cette virginité à laquelle Luther renonçait. (7 décembre 1864.)

Après Bossuet on peut nommer Mme de Sévigné ; l'évêque et la marquise sont du même temps, ont vécu dans le même monde, et, avec des différences que tout explique, ont parlé la même langue. Amand avait plus d'une raison pour aimer Mme de Sévigné, car il se rencontrait avec elle dans un commun amour. « Dans quelques jours, écrivait-il à son frère (21 juin 1863), tu auras vingt-neuf ans, tu arrives au milieu de la vie : l'enfance, la jeunesse, s'éloignent. J'aime la jeunesse, et je dirais volontiers avec Mme de Sévigné : *La jeunesse est si aimable qu'il faudrait l'adorer* [1]. » Il ne ressentait pas cependant pour l'illustre marquise la passion sans réserve que tant d'autres lui ont vouée. « Il y a chez elle, écrivait-il (8 juin 1863), une tendresse qui déborde, une mélancolie contenue, et je ne sais quoi de sautillant dans les idées et dans le style. Mais elle manque de simplicité ; elle fait faire à sa pensée mille détours... »

Ce reproche, il ne l'eût pas adressé à l'auteur de *Phèdre* et d'*Athalie*. « Racine est bien un génie antique : il a le coloris sobre et lumineux des anciens, il en a la sérénité et la sage ordonnance.

Dans la *profonde* mer Œnone s'est jetée.

1. A Mme de Grignan (lettre du 7 octobre 1671).

« L'épithète *profonde* est bien dans le génie antique. Aujourd'hui les poètes ont en quelque sorte matérialisé la pensée, ils produisent des sensations et pas autre chose. » (7 décembre 1863.)

Toutefois, parmi les maîtres du dix-septième siècle, ceux auxquels il revient sans cesse sont La Fontaine et Fénelon ; j'ajouterai La Bruyère, mais c'est dans ses dernières années surtout, qu'il fréquenta ce moraliste dont il commentait les remarques profondes et parfois chagrines, avec une tristesse sans amertume.

Il aimait La Fontaine : c'est que, comme Virgile, La Fontaine peint la nature et l'attendrit. Amand goûtait cette grâce mélancolique de l'expression qu'aucun des contemporains, parmi les poètes, n'a eue au même degré ; il se plaisait à cette peinture des mœurs humaines malignement prêtées aux animaux. Il préférait La Fontaine, comme peintre de mœurs, à La Bruyère et à Molière ; il le trouvait moins triste et moins amer que ces deux grands observateurs. De là, dans sa conversation et sous sa plume, des réminiscences de son poète préféré.

Il citait volontiers ces vers où l'image est riante et l'accent profond :

> Qui de nous des clartés de la voûte azurée
> Doit jouir le dernier [1] ?...

Le 7 novembre 1863, il écrivait : « J'étais dimanche auprès de notre chère grand'maman. Te redirai-je le charme des jours passés auprès d'elle ? Ah ! ce charme, tu le connais ; tu sais combien il est profond, intime, mélancolique. Il me revient maintenant un vers de La Fontaine qui exprime parfaitement ce bonheur triste, le seul que l'homme connaisse :

> suffisamment instruit
> Que le plus beau couchant est voisin de la nuit. »

Le 12 mars 1863 : « La fête des Morts s'est bien passée ; les offices ont été suivis. On peut nier Dieu : peut-on nier la mort ? Peut-on ne point jeter de temps en temps un regard sur cette terrible réalité ?

> Alléguez la vertu, la beauté, la jeunesse :
> La mort ravit tout sans pudeur. »

Amand tire de ces vers une leçon que La Fontaine n'avait pas songé à y mettre. « Il est

---

1. *Le Vieillard et les trois jeunes Hommes.*

des choses qui sembleraient ne devoir point
mourir, tant elles sont belles, et tant elles sont
pour l'âme une source de ravissements. Et cependant, ces choses-là meurent ; nos amitiés
meurent, nos pensées se dissipent ; tout est
caduc. Vraiment, si nous n'avions point la foi,
la foi qui est la substance de nos espérances,
je ne sais ce que nous deviendrions. Notre douleur serait horrible, notre vie serait un inévitable guet-apens. Mais Jésus-Christ existe, et
Jésus-Christ a vaincu la mort. »

Celui qui exprimait de tels sentiments était
capable et digne de goûter Fénelon. Il l'aimait
comme chrétien, il l'aimait aussi comme artiste.
« Fénelon est bien un génie antique, ami des
formes pures et harmonieuses... Que dirai-je du
Traité de l'existence de Dieu? Fénelon cristal-
lise en quelque sorte les idées les plus abs-
traites ; il leur donne la transparence et la so-
norité du cristal. » (18 novembre 1863.) Nous
l'avons déjà vu lire les lettres de Fénelon, et
les rapprocher de celles de Lacordaire ; parmi
les lettres de l'archevêque de Cambrai, il en est
une surtout qui de bonne heure l'avait profondément touché, car elle répondait aux inquiètes

préoccupations d'une âme qui voulait espérer pour les autres âmes comme pour elle-même. C'est la lettre où Fénelon s'efforce de consoler le duc de Chevreuse de la mort récente du chevalier d'Albert, tué au combat de Carpi : « Un fond de foi et des principes de religion, qui dorment au bruit des passions excitées, se réveillent tout à coup dans le moment d'un extrême danger... Si peu que Dieu agisse dans ce moment, le premier mouvement d'un cœur accoutumé autrefois à lui est de recourir à sa miséricorde. Il n'a besoin ni de temps ni de discours pour se faire entendre et sentir. Il ne dit à Madeleine que ce mot : *Marie !* et elle ne lui répondit que par cet autre mot : *Maître !* c'était tout dire. Il appelle sa créature par son nom, et elle est déjà revenue à lui[1]. » Mais ni le *Traité de l'existence de Dieu*, ni ces lettres de direction sur lesquelles il devait méditer aux derniers temps de sa vie, ni cette lettre sur les occupations de l'Académie française, où, parmi des traits descriptifs jetés comme en passant, il goûtait tant ces « lointains qui s'enfuient dans

---

1. Lettre du 18 août 1701.

l'horizon[1] », n'étaient les seules œuvres de Fénelon qui exerçassent sur lui un attrait puissant et doux. Sainte-Beuve a dit : « Pour apprécier comme il convient le *Télémaque*, il n'est besoin que de faire une chose : oubliez, si vous le pouvez, que vous l'avez trop lu dans votre enfance. J'ai eu l'an dernier ce bonheur : j'avais comme oublié le *Télémaque*, et j'ai pu le relire avec la fraîcheur d'une nouveauté[2]. » Amand n'eut pas besoin d'oublier le *Télémaque* pour le goûter. Sans doute il eût pu dire quelquefois de Fénelon ce que Fénelon dit de Mentor : « Il racontait avec grâce quoique avec un peu de lenteur ; » mais ces *longueurs*, ces *lenteurs de grâces*, comme parle Chateaubriand, n'étaient pas pour le rebuter. D'ailleurs, Amand lisait le *Télémaque* comme Fénelon l'avait écrit, discernant sous les fictions d'un paganisme épuré, sous *l'art de plaire et de n'y penser pas*[3], qui caractérise ce chef-d'œuvre, l'inspiration supérieure à laquelle nous le devons. « Télémaque est bien le jeune homme chrétien qui sent le prix de la vertu,

1. *Lettre sur les occupations de l'Académie française*, IX.
2. *Lundis*, t. II.
3. La Fontaine, *A Mme de la Sablière*, l. XII, fable xv.

qui lutte, combat, pleure, qui redit à sa manière le cri de saint Paul : *Qui me délivrera de ce corps de mort ?... O malheureuse jeunesse !... Je répandais des larmes amères ; je rugissais dans ma fureur comme un lion...* Comme tout cela attendrit et émeut ! » (21 juin 1863.)

A propos du jour des Morts, il écrit : « De chères images passent et repassent dans nos souvenirs. Comme Télémaque (pardonne-moi ce langage païen), on s'élance dans les régions supérieures pour y reconnaître les siens..... » (4 novembre 1864.)

Et, le 28 décembre 1869 : « Je comprends le charme qu'ont pour toi certains souvenirs, car ce charme, moi-même je l'éprouve. Virgile, qui avait une si grande connaissance du cœur humain, a dit : *olim meminisse juvabit.* Se rappeler les années passées, c'est rouvrir un livre connu et aimé, c'est revoir des pages empreintes de nos joies et de nos larmes. Ce charme des souvenirs nous suivra, j'aime à le croire, jusque dans l'autre monde. Je viens de citer Virgile, je citerai aussi Fénelon, Fénelon qui a eu comme une intuition du bonheur des élus. Parlant des hommes justes qui sont dans les champs

Élysées, il s'exprime ainsi : *Ils repassent avec plaisir ces tristes mais courtes années, où ils ont eu besoin de combattre contre eux-mêmes...* »

Puisque nous sommes dans les champs Élysées, pourquoi n'y resterions-nous pas un instant ? Amand se plaisait à ce passage si connu où, par la bouche d'Arcésius, Fénelon dépeint la brièveté de la vie humaine : « ..... Les hommes passent comme les fleurs qui s'épanouissent le matin, et qui le soir sont flétries et foulées aux pieds. Les générations des hommes s'écoulent comme les ondes d'un fleuve rapide. » Lieu commun, dira-t-on ; oui, mais ne sont-ce pas ces éternels et universels lieux communs, où nous sommes tous parties prenantes, qui ont surtout la puissance de nous émouvoir ? Et puis, le mérite propre et l'originalité de ce passage, c'est que, dans la bouche de l'habitant des champs Élysées, capable encore de pitié mais non plus de tristesse (car c'est un *bienheureux* que Fénelon nous montre), cette peinture est toute pleine d'une grâce sereine et souriante.

Amand, qui goûtait à ce point Fénelon, goûtait les modèles dont Fénelon s'était inspiré. « L'antiquité, écrivait-il le 23 décembre 1861, c'est là la terre ferme. » Et il ajoutait : « Il y a quelques jours, je suis tombé sur la dernière page de la *Vie d'Agricola* ; l'impression que j'ai éprouvée a été profonde. Il y a là une douleur presque chrétienne : *figuram animi... complectantur... forma mentis æterna, quam tenere et exprimere non per alienam materiam et artem, sed tuis ipse moribus possis*[1]. »

Toujours à propos d'Agricola, il écrivait encore : « Que de traits profonds, inattendus, qui traversent le récit comme un éclair ! Tacite raconte qu'Agricola essaya de former à l'éloquence les Bretons, « mais, dit-il, on ne se contenta « pas de porter la toge, on en vint peu à peu à « tout ce qui entretient les vices, aux bains, aux « plaisirs de la table, » etc. : *Id que apud imperitos humanitas vocabatur, quum pars servitutis esset*[2]. Comme cela est éternellement vrai ! »

---

1. « .... qu'ils s'attachent à l'image de son âme.... La figure seule de l'âme est éternelle, et nul art ne peut la dessiner, nulle matière en recevoir l'empreinte : c'est à l'homme même de la retracer dans ses mœurs. » (Agricola, XLVI, traduction de Burnouf.)

2. « Et ces hommes sans expérience appelaient civilisation ce qui était une partie de la servitude. » (Agricola, XXI, traduction de Burnouf.)

Tacite l'attirera de plus en plus. « Je me suis mis à traduire les *Mœurs des Germains*. La lecture de Tacite est séduisante. Tacite manque souvent de simplicité et de naturel, mais comme il est expressif et pittoresque ! Comme il dramatise tout ce qu'il raconte ! Il a des ressemblances avec nos auteurs modernes ; comme eux, il a la phrase tourmentée, et comme eux il préfère à l'expression juste, l'expression hardie et colorée... » (5 février 1866.)

Il goûtait dans Ovide cette grâce riante qui s'épanche en développements auxquels il ne manque que d'être arrêtés à temps ; il aimait certains traits de l'ingénieux poète, par exemple, le *rugas miratur aniles* dans le portrait de la femme qui s'aperçoit, non sans surprise, qu'elle a vieilli ; mais c'est à Virgile qu'il allait de préférence, et qu'il s'attachait sans réserve. On l'a déjà vu, ce qu'il loue dans telle page du P. Gratry, ce sont des beautés qu'il jugeait dignes de son poète chéri. D'elles-mêmes les images, les réminiscences virgiliennes se présentent à lui. A la veille du 1er janvier 1862, il écrivait : « ...En ce jour, cherchons dans les affections de la famille et dans les espérances chrétiennes comme un abri et un refuge, semblables à la famille de Priam rassemblée pendant la prise de Troie, sous cet antique laurier qui couvrait de son ombre les dieux domestiques. *Condensæ, et divum amplexæ simulacra tenebant*[1]. » Le 28 avril 1863, il écrivait : « Le P. Félix a terminé ses conférences; elles sont profondes et brillantes…. La dernière conférence commentait le texte de saint Pierre : *Novos vero cœlos et novam terram… exspectamus*[2], qui m'a rappelé ce vers de Virgile : *Solemque suum sua sidera norunt*[3]. Quel poète que Virgile ! Quelle tendresse il y a chez lui ! Comme il connaît toutes les douleurs de l'homme ! Il aime à peindre le repos de la nuit, mais c'est pour le mettre en opposition avec les travaux et les soucis de la journée : *Et corda oblita laborum*[4]. » Et, le 18 novembre 1863 : « Dimanche soir, je me suis senti

1. « Elles se tenaient serrées, embrassant les images des dieux. » (*Énéide*, l. II, v. 517.)

2. « Nous attendons de nouveaux cieux et une nouvelle terre…. » (II Ep. Petr., iii, 13.)

3. « Ces lieux charmants ont aussi leur soleil et leurs astres. » (*Énéide*, l. VI, v. 641.)

4. « …. Les cœurs oublieux de leurs maux. » (*Énéide*, l. IV, v. 528.)

attiré vers Virgile, et j'ai relu l'admirable épisode de Nisus et Euryale.... Virgile est bien le poète du cœur; il en connaît toutes les tristesses et toutes les joies; il sait en remuer les fibres les plus délicates.... Je dirais volontiers, empruntant une tournure de Fénelon : malheur à ceux qui restent insensibles à ces mots de Nisus à Euryale : « Tu es trop jeune pour mourir, reste « auprès de ta mère, *tua vita dignior ætas;* » et à ces autres paroles : *O dieux! vous n'avez point décrété la ruine de notre patrie, puisque vous suscitez de tels courages....* »

III

Si épris de la littérature, Amand n'était pas indifférent aux autres arts; à la manière dont il apprécie le style du P. Gratry, on a pu s'apercevoir qu'il sentait vivement la musique. « Pourquoi faut-il, demandait sa pudeur inquiète, que les plus belles créations de nos grands compositeurs ne nous apparaissent qu'à travers de voluptueuses images? » (26 mai 1862.)

Les monuments chrétiens l'attiraient. « J'ai revu l'admirable cathédrale de Tournai. C'est un monument unique..... Les côtés latéraux de la nef sont obscurs ; le cintre s'abaisse et semble vouloir vous écraser. Tout à coup, au transept, le jour se fait, la lumière apparaît radieuse, étincelante ; l'ogive s'élance : l'effet produit est saisissant, étrange. Le cintre et l'ogive expriment bien, comme on l'a dit, les deux grands états par lesquels passe l'Église. L'ogive, c'est l'Église qui triomphe ; le cintre, c'est l'Église qui souffre et se cache. » (11 septembre 1863.)

Amand avait plus d'une fois admiré au Louvre les toiles où Lesueur a retracé l'histoire de saint Bruno. Les *Études sur l'histoire de l'art*, de M. Vitet, l'aidèrent à mieux comprendre cette œuvre d'une pénétrante et sévère beauté. « Je lis avec un grand charme le livre de M. Vitet, » écrivait-il le 20 septembre 1868. « Quel style élégant et sobre ! Quel sens du beau ! Tous ceux qui veulent s'initier un peu aux jouissances que donnent les beaux arts doivent lire ce livre. » Claude Lorrain l'attirait comme Lesueur, mais pour d'autres motifs. « Il y a un tableau de ce peintre au musée de Lille ; souvent, je me suis arrêté devant cette toile éblouissante. Claude Lorrain a été le peintre du soleil, du soleil couchant surtout. » (10 avril 1865.) Ses sympathies vont aussi à d'autres peintres. « Tu sais combien j'aime les œuvres d'Overbeck ; elles me paraissent pures, délicates, d'un beau dessin, et tout à fait mystiques. La gravure que tu m'as envoyée [1] me ravit ; tout y est grand, simple, candide ; j'en aime le lac à la vague et fraîche transparence. Nous sommes bien loin de la poésie fade et malsaine que Renan a voulu jeter sur l'Évangile. » (Février 1864.) Il admire Scheffer, mais sans voir en lui le vrai maître de la peinture religieuse. « Envoie-moi, écrivait-il (1er mars 1863), le *Saint Augustin* d'Ary Scheffer... Ary Scheffer a eu le malheur de ne pas connaître le Dieu de l'Eucharistie. Aussi manque-t-il d'onction et est-il inférieur aux peintres du moyen âge ; son *Saint Augustin* ne vaut pas le *Saint Jean* de Memling que nous avons vu à Bruges. Ary Scheffer n'a pas su rendre l'extase, le ravissement des saints... »

Parmi les peintres contemporains, deux surtout étaient chers à Amand. L'un était ce disciple d'Ingres, mais disciple original et chrétien, qui a peint les admirables fresques de Saint-Vincent

---

1. *Notre-Seigneur appelant les fils de Zébédée.*

de Paul et de Saint-Germain des Prés. « Le *Correspondant* de ce mois, écrivait Amand le 27 décembre 1864, publie quelques lettres d'Hippolyte Flandrin; je n'ai pu les lire sans une profonde émotion. Dans ces lettres, l'âme de l'artiste se révèle tout entière. Flandrin avait la foi et l'onction des mystiques du moyen âge; il avait de plus la science de la forme et de la ligne. Cette parole de l'Évangile : *Si votre œil est pur, votre corps deviendra lumineux*, il l'avait comprise, et il a cherché à la réaliser dans ses œuvres. En cherchant à peindre les plus nobles sentiments de l'âme, il a trouvé le grand art, et il a donné à ses têtes je ne sais quoi de lumineux et de céleste. » L'autre peintre est celui qui, en peignant les plaines du nord de la France, les a non point embellies mais idéalisées, c'est-à-dire qu'à ces champs monotones, aux personnages qui les animent, il a fait rendre la pensée, le sentiment qu'ils suggèrent[1]. Amand va tra-

---

1. « Pour le vulgaire, *idéaliser*, c'est embellir.... Mais il en est tout autrement. Idéaliser, c'est tout simplement mettre une idée dans la forme, faire de l'objet, matière de l'art, un signe d'idées, lui faire dire quelque chose.... Idéaliser l'objet, ce n'est donc pas l'embellir, mais le transformer.... Auparavant il ne représentait que lui-même : à présent il représente

duire lui-même l'impression salubre et douce qui naît des toiles de Jules Breton. « Pour moi, écrivait-il le 16 juin 1868, Jules Breton est un grand peintre ; il a su rendre la poésie des champs, tout en restant dans la réalité des choses[1]. Il a idéalisé, ennobli nos types de paysannes ; sous leurs vêtements grossiers, à travers la rudesse de leurs traits, ces pauvres filles des champs ont un air de distinction et de dignité vraiment chrétiennes : on sent que ce sont des filles de Dieu, fortes et calmes comme la nature qui les environne[2]. »

une idée que vous le chargez d'exprimer. » (Tonnellé, *Fragments sur l'art et la philosophie*, II, *De l'art.*)

1. Amand décrit ainsi une des œuvres les plus célèbres de Jules Breton : « Je ne me lasse pas de contempler les *Glaneuses*. Il y a dans ce tableau une mélancolie sereine et forte. Le soleil se couche et vient éclairer de ses rayons obliques quelques glaneuses. L'une d'elles est droite ; elle porte sur la tête des gerbes à travers lesquelles le soleil vient se jouer. Certes, ce n'est point une beauté grecque ; c'est une forte fille comme on en voit dans nos campagnes ; mais il y a dans ses traits une telle expression de fatigue et de tristesse, qu'on s'arrête devant elle, ému et attendri. Ces fatigues, ce travail de la journée, cette douleur résignée, tout cela est chrétien, et, je le répète, il y a dans ce tableau une mélancolie qui retrempe l'âme. » (30 mai 1865.)

2. Amand aimait les humbles, et cette humaine et chrétienne sympathie lui faisait apprécier toutes les découvertes

Si Amand aimait à ce point les œuvres de Jules Breton, c'est qu'il y reconnaissait les horizons du pays natal et des scènes familières à ses regards. Ces plaines monotones, ces horizons modestes, il les retrouvait à l'arrière-plan de sa mémoire; et lui, si épris de toutes les observations ingénieuses et profondes, il eût volontiers souscrit à cette pensée de M. Doudan : « Tout ce qui nous frappe à l'entrée de la vie, demeure comme le trésor de l'imagination... Ainsi, quand Byron peint les paysages de la Grèce, la ligne ardente des montagnes du Péloponèse paraît se dessiner sur les horizons mélancoliques du Nord... » Il exprimait cette pensée à sa manière quand, après un voyage à Rome, il écrivait (7 mai 1864) : « S'il y a un charme dans l'inconnu, il y a un bien plus grand charme dans le connu; et pour moi, j'ai toujours parfaitement compris le

qui peuvent égayer et ennoblir les existences les plus déshéritées. « La photographie, écrivait-il, rendra ce grand service, de répandre les chefs-d'œuvre ; elle sera à la peinture ce que l'imprimerie a été aux lettres ; elle développera dans les masses le goût artistique, elle le purifiera, et ce sera un grand service rendu à l'humanité, car la pureté du goût conduit à la vérité. Je sais bien qu'à côté de ce résultat il y a déjà, il y aura de grands abus, que notre devoir sera de combattre et, Dieu aidant, de vaincre. »

flumina nota de Virgile. » D'ailleurs, de quel site la poésie est-elle absente ? Pour qu'on l'y rencontre, il suffit que des arbres frémissent au vent qui passe, que des épis jaunissent, que le soleil sourie. « Quelle riche succession de lin, de blé, de colza ! disait-il des plaines natales. Partout de verdoyants bouquets d'arbres, des toits de chaume, des saules ombrageant un cours d'eau.... C'est toujours avec un charme indicible que je me promène au milieu des blés ; j'aime à m'égarer au milieu de leurs hautes tiges. » (Mai 1864.) D'un trait rapide, Amand peint les divers aspects de la nature qu'il a sous les yeux : « Je suis revenu de L. B. ce matin, et, pendant le trajet, je laissais errer mes yeux sur les champs déjà blanchis par la neige. Le soleil commençait à poindre : il recouvrait les arbres de teintes rougeâtres. C'était l'hiver avec ses aspects sereins et froids... » (19 novembre 1861.) « Nous sommes décidément en hiver : la neige couvre les champs. Cette blancheur de la neige, que fait reluire un rayon de soleil, n'est pas désagréable à voir. Je lisais naguère que les Chinois aiment beaucoup à voir tomber la neige. » (5 décembre 1869.) Il n'en dira pas autant des jours humides et froids de l'automne qui finit : « La pluie tombe, le ciel est sombre. L'hiver, c'est une nuit continue. Ah ! je comprends que l'enfer nous soit dépeint comme un lieu de ténèbres. L'obscurité pèse, attriste, effraye; le corps a besoin de soleil comme l'intelligence a besoin de Dieu. » Ce qu'il aime plus que tout dans le monde visible, c'est la lumière, c'est le soleil. « Ah ! le soleil ! l'âme, comme la terre, en a besoin pour fleurir. Je ne m'étonne pas que les anciens aient fait régner un printemps éternel dans les champs Élysées. Le soleil annonce la joie : il la complète et la consacre. Quand nous sommes tristes, il change notre douleur en une sereine mélancolie. » (Octobre 1862.) Et quelques mois plus tard : « Nous avons, écrivait-il en février 1863, un soleil qui ne nous laisse point désirer le printemps. Ah ! le soleil, je l'adorerais si je n'étais chrétien. » Et au mois de novembre suivant : « Que le cri d'Iphigénie est touchant : *La lumière est si douce à voir*[1] *!* Gilbert mourant faisait lui aussi ses adieux à la lumière. Pour les poètes de l'antiquité, mourir c'était être privé de la lumière :

1. *Iphigénie en Aulide*, v. 1218, 1219.

Feror ingenti circumdata nocte, disait Eurydice [1]. Ah! plus heureux qu'eux, nous savons quelle est cette vraie clarté qui ne pâlira pas. Des brouillards s'étendent autour de nous, mais la mort arrivera, et avec elle la vraie lumière.... »

Aussi, de quelle joie il saluait le printemps, et ces jours où l'hiver s'attiédit et fait pressentir la saison nouvelle! « Nous avons un temps magnifique, écrivait-il à la fin de février 1862. Les fêtes que nous donne la nature augmentent et complètent le bonheur de l'âme. Aussi, je le crois, nous retrouverons dans l'autre vie les splendeurs du printemps, mais tout cela sera transfiguré comme le seront nos corps. Aucune des joies vraies et légitimes de l'homme ne périra. » Et en avril 1863 : « Les champs commencent à s'épanouir; le colza fleurit; déjà nos chères aubépines se couvrent de leurs fleurs. Saluons le printemps qui pour tous est un signe d'allégresse et d'espérance! » On est au 5 février 1866, et il écrit : « ...Ma vue pénètre dans les jardins. Tout est encore nu et sec; mais la sève est là, et tout à l'heure les bourgeons vont poindre. La réap-

1. « Je suis emportée, et une nuit profonde m'enveloppe. » (*Géorg.*, l. IV, v. 497.)

parition des fleurs me cause des joies instinctives
et toutes spontanées. Si j'étais panthéiste, je
dirais que nous renaissons avec la nature, et que
nous recevons de la vie qui anime le grand tout
une nouvelle impulsion. Mais je suis chrétien,
et dans ces joies que me cause le renouvellement
des choses, je ne vois que mon besoin inné de
vie et de lumière. » Les années se succèdent, et
le renouveau lui apporte encore les mêmes
ivresses : « Peu à peu, écrivait-il en février
1870, nous nous dégageons des ombres de
l'hiver, et le soleil gagne chaque jour en force
et en éclat. Le soleil est la plus belle chose de
ce monde. » Et quelques jours après, le 4 mars :
« On se croirait au milieu de l'été tant la température est douce, tant le soleil est radieux ! De
toutes parts, les insectes bourdonnent et les
alouettes chantent, oublieuses des souffrances
de l'hiver... » Mais aussi, il s'attriste des retards
du printemps et des retours de l'hiver. « ...La
campagne a encore ses habits d'hiver, écrivait-
il le 21 avril 1868 ; la pluie tombe, le vent
souffle, et l'air est froid ; les arbres fruitiers fris-
sonnent sous leurs fleurs blanches. » Enfin,
quelques jours après, le printemps se décide à

revenir « ...Les blés verdoient, les colzas jaunissent, les arbres se couvrent de fleurs roses
et blanches. Comme cette renaissance des choses
pénètre l'âme de joie et d'espérance ! Cela vous
donne presque le sentiment de l'immortalité.
Non, il n'est pas possible, en face d'une belle
nature, de croire à la mort. Le cœur s'élève jusqu'à Dieu, et Dieu c'est la vie même. » (29 avril
1868.) Aux années de sa courte maturité, il goûte
encore, quoique d'une âme moins éprise, ce
charme du renouveau : « Oui, la nature reste
toujours jeune ; tandis que notre pauvre cœur
vieillit et se dépouille, elle, à chaque printemps,
reparaît fraîche et parée comme aux jours heureux de notre vie. » (19 mai 1873.) « Nous avons,
depuis une dizaine de jours, un temps splendide.
Je jouis de ce beau temps, de ce soleil rayonnant, de cette renaissance de toutes choses. Il
n'y a que notre pauvre cœur qui ne renaît pas. »
(29 avril 1874.)

L'été arrive, et Amand l'accueille avec joie.
« Les chaleurs sont enfin venues ; elles ne
m'effrayent pas ; je les aime presque. D'ailleurs
elles sont nécessaires. Le soleil seul peut mûrir
les blés, leur donner cette teinte blonde et dorée

dont il est si souvent question dans les poètes. Que la campagne est belle en ce moment! Je ne me lasse point de la voir; j'aime à me promener et à me perdre pour ainsi dire au milieu des blés, tant ils sont hauts, fermes, serrés comme des soldats rangés en bataille. » (17 juillet 1869.) « Les paysans achèvent la moisson malgré la pluie. Comme le travail de la moisson se fait avec allégresse, avec entrain! La parole du psalmiste se réalise à la lettre : *In exsultatione metent*[1]. » (19 août 1869.)

Parfois cependant un sentiment de mélancolie se mêle à la joyeuse et salubre ivresse que le retour des chaleurs lui a apportée. « Mme Bourdon, parlant dans la *Vie réelle*, de ces belles journées d'été, dit : *Comme ces jours d'été, si beaux dans leur immuable sérénité, me paraissent longs et tristes!* » Et il ajoute : « Mme Bourdon a souvent de ces notes-là; elle a le sentiment des beautés de la terre, et en même temps elle comprend que ces beautés ne sauraient remplir le cœur de l'homme. » (6 juillet 1869.)

Quelque fortifiante douceur qu'il trouvât au

---

1. « Ils moissonneront dans l'allégresse. » (Ps. cxxv, 5.)

printemps et à l'été, de bonne heure cependant il leur avait préféré l'automne. « C'est aujourd'hui dimanche, écrivait-il le 2 octobre 1860, il fait un beau soleil d'automne, soleil qui plaît tant aux âmes atteintes de tristesse. Eh! quelle est l'âme qui n'a pas ses tristesses, qui ne désire pas un séjour meilleur que notre terre ? » Voilà la raison pour laquelle il aime l'automne; elle est bien de notre temps, et Mme de Sévigné, qui a si joliment peint certaines beautés automnales [1], ne l'aurait pas soupçonnée. « Ah! j'aime ce soleil, j'en aime l'éclat doux et voilé; il me rappelle ce sourire d'Andromaque, sourire mêlé de larmes, il me pénètre, et répond bien aux sentiments ordinaires de mon âme. » (Octobre 1862.) « J'ai quitté L. B. une heure

---

1. Mme de Sévigné a peint à ravir « ces beaux jours de cristal de l'automne qui ne sont plus chauds, qui ne sont pas froids » ; mais, dans cette sérénité transparente et douce de l'automne qui commence, dans les beautés du givre qui luit au soleil (« Les arbres étaient parés de perles et de cristaux, » 13 janvier 1672), la châtelaine de Livry ne voyait qu'un spectacle et ne cherchait guère que le rapide plaisir de ses yeux. « Cette diversité, écrit-elle, ne déplaît point. » Ce que nous autres nous cherchons dans les aspects variés de la nature, au risque de nous y absorber, ce sont de secrètes harmonies avec notre âme, qui la pacifient et la consolent.

après ton départ. J'étais triste, je sentais le glaive de la séparation déchirer mon âme, non point ce glaive qui tue parce qu'il isole, mais ce glaive dont parle Jésus-Christ, qui sépare pour vivifier et rapprocher de Dieu. J'étais triste et tout riait autour de moi : le soleil inaugurait l'automne, et la terre, bien que découronnée d'une partie de ses fleurs, avait cette poésie qui s'attache à tout ce qui finit, et qui donne même au front des mourants je ne sais quelle solennelle et suprême beauté. » (6 septembre 1863.) « Les jours passent, pluvieux et froids. Quand viendra ce soleil d'automne que nous aimons tant, ce soleil qui n'a plus de flammes, mais qui a de si doux rayonnements? Ainsi l'homme, en vieillissant, perd le feu de son regard, mais sa physionomie s'empreint d'une touchante expresssion de bonté. Malheur à l'âme qui traverse la vie sans se dépouiller de son âpreté et de sa fougue ! » (11 septembre 1863.) Il se plaît à dépeindre — sans gourmandise, je le crois fort — les fruits de l'automne « ces belles et transparentes grappes sur lesquelles le soleil semble avoir laissé des traces de feu ». Certaines soirées d'octobre lui plaisent autant que les plus beaux midis. « J'étais dimanche à L. B. Le soir, A... et moi, nous avons fait une petite promenade. L'air était calme, le couchant avait de belles teintes, et la lune apparaissait blanche, silencieuse, douce. A... sent profondément ces choses de la vie; je les sens profondément aussi : un rayon de soleil suffit pour m'attendrir et me remplir les yeux de larmes. Je dirais volontiers, donnant un sens particulier aux paroles de l'Évangile : heureux ceux qui ont des larmes, parce qu'il y a dans les larmes je ne sais quoi qui rafraîchit et récrée l'âme! Ceux qui sentent profondément ont souvent le don des larmes, et je ne m'étonne pas qu'un grand poète ait dit :

> Le seul bien qui me reste au monde
> Est d'avoir quelquefois pleuré !

(27 octobre 1863.)

En avançant dans la vie, Amand garda sa prédilection pour l'automne; il l'exprima d'une manière plus contenue et plus ferme, mais le sentiment gagna peut-être en profondeur. « Le mois de mai a quelque chose d'enivrant. Ce n'est pas le calme, le recueillement, la sérénité radieuse de l'automne. (29 avril 1870.) « Oui, ce soleil de septembre est bien beau, il a les rayon·

nements, la splendeur, la sérénité d'un soleil couchant; il a le charme secret de tout ce qui va finir. » (21 septembre 1871.)

IV

Cette nature qu'il aimait, souriante ou mélancolique, dans le nord de la France, il la savait dotée ailleurs de beautés auxquelles les campagnes flamandes ne prétendront jamais. Il disait volontiers en s'inspirant de Lacordaire : « Les voyages mûrissent l'esprit et pacifient le cœur[1]. » Plus d'une fois, il a appliqué cette maxime; et c'est ainsi qu'il a visité la Belgique et le Rhin. Mais le voyage qui devait laisser dans tout le reste de sa vie une trace ineffaçable, fut le voyage de Rome. Il passa dans cette ville les fêtes pascales de 1864. Il aimait à revoir en idée la ville éternelle et les diverses étapes qui l'y avaient conduit ou qui l'en avaient ramené. La ligne du mont Cenis n'était pas encore ouverte, et c'est par Marseille, la Méditerranée, Civita-Vecchia,

---

1. « .... quand les longs voyages ont mûri le cœur et pacifié l'intelligence.... » (*Première lettre sur la vie chrétienne.*)

6

que l'on arrivait à Rome. « Quelle ville que Marseille! écrivait-il (28 mai 1864). Je m'y suis promené toute une journée avec ravissement. Son ciel, la beauté de sa mer, son expressive population, les rayonnements de son soleil, tout m'enchantait et me jetait dans une sorte d'extase. Je n'oublierai jamais ma traversée de Civita à Marseille. J'étais comme lancé dans une atmosphère azurée; tout était brillant et frais, tout était pur et harmonieux. Quelques heures avant d'aborder à Marseille, nous admirâmes un splendide coucher de soleil; tous les passagers étaient sur le pont et nous paraissaient heureux. Je retrouvai un Espagnol avec lequel j'étais parti. Quand le soleil disparut, il s'écria : *Addio, caro mio, a rivederci*[1]. Je pus aussi admirer les îles d'Hyères, toutes couvertes d'une brume lumineuse. » D'autres détails de son voyage lui revenaient aussi : « J'ai passé par Palo en allant à Rome. Comme cette mer qui baigne l'Italie est belle! Quels doux reflets dans le mouvement des vagues! Le chemin de fer la côtoie quelque temps, et l'œil s'attache avec vo-

---

1. « Adieu, mon cher! au revoir! »

lupté sur ces flots brillants. » (14 mai 1865.) Si la route l'avait tant charmé, le terme lui plut, encore davantage. « Te voilà donc à Rome écrivait-il le 4 février 1865, dans cette ville que j'ai vue une fois, et que je n'oublierai jamais. Tu as revu ce dôme de Saint-Pierre qui, de tous les points, apparaît pour agrandir et récréer l'âme. C'est un horizon à souhait pour le plaisir des yeux, dirai-je avec Fénelon, ou plutôt pour le plaisir de l'âme. » Durant son séjour à Rome, aux heures paisibles et tièdes du couchant, Amand et moi nous nous étions souvent promenés sur le Pincio. « J'en aime, écrivait-il, les riantes allées et les sublimes horizons. Des hauteurs de ce jardin, la vue est merveilleuse : la basilique de Saint-Pierre est là attirant le regard et présentant, dans sa splendeur et sa stabilité, comme une image de l'Église catholique. » (15 avril 1865.) Il admire, avec Mgr Gerbet, *la majesté solitaire du Latran*. « Tu as revu, écrivait-il (2 avril 1865), Saint-Pierre-ès-Liens et le *Moïse* de Michel-Ange. Quand nous vîmes le *Moïse*, nous restâmes quelque temps dans une contemplation muette. Il semblait que nous eussions devant les yeux une apparition souveraine. Va revoir Saint-Paul hors les Murs. Quelle merveille que cette église ! La lumière qui y règne n'est point semblable à celle qui éclaire les yeux des pauvres mortels, dirai-je avec Fénelon ; c'est plutôt une gloire céleste qu'une lumière, etc. » Enfin, une autre église lui suggère une de ces comparaisons ingénieuses et brillantes où se complaisait son âme éprise des symboles. « Sainte-Marie-Majeure a la teinte riche et dorée des épis mûrs. Il en est ainsi de bien des monuments de Rome. Le soleil les glorifie comme un jour le soleil éternel glorifiera les bienheureux. » (29 juin 1865.)

A Rome, plus encore que les monuments, les horizons et les ruines, Amand avait recherché le visage de Pie IX ; il avait entendu cette parole familière, incisive, pénétrante, toujours originale et toujours pieuse, qui a édifié et ravi d'innombrables pèlerins. Lui-même a rapidement retracé l'audience à laquelle il avait été admis le dimanche de Quasimodo, 3 avril 1864, et résumé l'allocution du Saint-Père. « J'ai eu le bonheur de voir le Pape, de toucher ses mains, d'entendre sa parole... « Vous êtes, nous a dit « Pie IX, dans des jours de joie, dans des jours

« de *complaisance* : Jésus-Christ est ressuscité.
« Vous aussi vous devez ressusciter; vous devez
« sortir de votre vie passée, si elle a été mau-
« vaise : *quæ sursum sunt quærite*[1]. Quittez donc
« la terre, quittez-en les misères mais non les de-
« voirs... » Le Saint-Père était ému ; son regard,
dont je ne saurais rendre la vive et douce sérénité, était levé vers le ciel. Quant à nous, age-
nouillés aux pieds du vicaire de Jésus-Christ,
nous pleurions; nous songions aux gloires et
aux tristesses de l'Église dont Pie IX est le
chef... » La lumineuse vision resta fixée dans
sa mémoire. Amand l'évoquait volontiers, et
disait d'un ami dont l'âme lui inspirait une affec-
tueuse sollicitude que, s'il avait pu entendre ce
langage, ses objections et ses doutes fussent
tombés devant la soutane blanche du pontife.

<h2 style="text-align:center">V</h2>

Rome n'avait été pour Amand qu'un lieu de
passage; le Nord l'attirait, et ce qui le rattachait
au Nord, c'était surtout la maison de son aïeule.
Maison modeste, mais qui ne lui laissait rien à

1. « Cherchez ce qui est en haut. » (Coloss , III, 1.)

désirer. « Cette maison est toute pleine de nos jours passés, écrivait-il en mai 1864; j'y retrouve mes livres, mes gravures; ton souvenir y est vivant. En la voyant, je me rappelle le vers :

Plus je vis d'étrangers, plus j'aimai mon pays. »

Je détache encore un trait parmi tant d'autres qui remplissent sa correspondance : « Notre maison est toujours douce, calme. *Un grand cœur dans une petite maison.* Ce mot du P. Lacordaire, Ambroise Desp... me le rappelait à mon départ de Paris, et moi, je lui répondais par ce vers d'Horace : *Ille terrarum mihi præter omnes Angulus ridet* [1]... » Si étroit qu'il fût, le jardin aussi lui plaisait. Il y épiait en mars les progrès de la végétation; et, à la fin d'octobre, aux rayons de ce soleil « qui sourit comme sourient les malades », il écrivait : « Notre jardin a encore des fleurs, quelques roses tardives qui, à l'approche de l'hiver, font regretter le printemps. » Comme il nous l'a dit, ce jardin et cette maison lui gardaient un trésor de souvenirs. « Augmentons ce trésor, écrivait-il; l'homme vit peu

1. « Ce coin de terre me sourit par-dessus tous les autres.... »

dans le présent ; mais il aime à vivre dans le passé, quand ce passé a été heureux... Ménageons-nous pour les années de la maturité et de la vieillesse de ces bons souvenirs qui ont l'éclat et la douceur d'un verre de vieux vin. »

Dans cette maison, il trouvait mieux que des souvenirs ; il y rencontrait l'aïeule qui avait recueilli son enfance orpheline. « Elle voit en nous, écrivait-il, le 19 novembre 1861, les représentants d'une famille disparue, et il y a dans l'amour qu'elle nous porte quelque chose de triste : le souvenir de notre mère est toujours présent à son cœur, *noluit consolari quia non sunt*[1]. » De plus, sa grand'mère était arrivée à ces années suprêmes, à « ces années qui peuvent n'être qu'un jour[2] » ; et il savait tout ce que le dernier âge de la vie traîne avec lui de souffrances : « La mort jette sur la vieillesse une ombre froide et triste. La vieillesse est la grande transition, et, comme toutes les transitions, elle a ses difficultés, ses douleurs. » (17 octobre 1861). Mais il savait aussi, et il en

1. « Elle n'a pas voulu se consoler, parce qu'ils ne sont plus. » (S. Mathieu, II, 18.)
2. Mme Swetchine, *Nunc dimittis*.

avait la preuve sous les yeux, que la vieillesse n'a point de prise sur un cœur maternel, et y laisse intacte la puissance d'aimer. « Notre chère grand'maman pense souvent à toi dans ses prières. Ah ! la prière de la vieillesse doit être comme le parfum des fleurs au déclin du jour, plus vive et plus intense. » (16 mars 1862.) Cette prévision d'un terme inévitable et prochain ne lui permettait de goûter que d'un cœur sobre les joies du foyer ; et si, à propos d'un repas où l'on fêtait son retour, il a dépeint « ce vin de Bordeaux dont les teintes vives et transparentes réjouissent la vue avant de réjouir le cœur », j'en suis sûr, cette phrase est moins du gourmet que de l'artiste.

Une autre affection a tenu dans la vie d'Amand une place considérable, et toute sa correspondance, depuis les lettres de la première jeunesse jusqu'à celles que, presque aux derniers jours, il traçait d'une main déjà défaillante, en rend un irrécusable témoignage. « Tu connais mon affection pour toi, écrivait-il à son frère le 27 mars 1860, affection d'autant plus forte qu'elle ne s'évapore pas en manifestations bruyantes. » Mais, si contenues qu'elles fussent, ces manifestations étaient fréquentes, et décelaient une profonde tendresse. « J'éprouve du soulagement, écrivait-il, à répandre dans ton âme mes pensées et mes sentiments. » Ses épanchements appelaient des réponses, et si, chose rare, les réponses se faisaient trop attendre, Amand se plaignait avec discrétion : « Quand je suis quelque temps sans recevoir de tes lettres, je sens qu'il y a un vide dans mon cœur. » Dirai-je le prix qu'il attachait aux lettres de son frère ? « ... Nous les conservons, et plus tard, nous nous promettons de les relire avec un grand charme, car elles auront vieilli, elles auront reçu du temps ce quelque chose qui attendrit et qui touche l'âme profondément... » (27 mars 1860.)

Cette tendresse n'allait pas sans les inquiétudes, je dirais presque sans les scrupules qui, chez les âmes délicates, accompagnent d'ordinaire les sentiments profonds. « Je me reproche de n'avoir pas été te voir plus souvent, pendant mon séjour à Paris. Peut-être ai-je été froid, peu expansif; peut-être ai-je accordé trop de temps à la curiosité et à des amitiés qui me sont douces sans doute, mais qui sont loin d'égaler l'affection que je te porte. Pardonne-moi tout cela. » (17 mai 1863.) J'ajouterai même que ce frère avait beau être l'aîné : la tendresse d'Amand avait quelque chose de maternel. De quel accent ému on le félicite d'avoir renoncé au monde; comme aussi on l'encourage à tenir bon, parmi les inévitables difficultés des commencements ! « Dieu soit béni ! Tu as trouvé le lieu que tu cherchais, le port auquel tu aspirais. A l'ombre de la prière et de l'étude, tu trouveras de plus en plus les joies de la conscience, cette paix que Notre-Seigneur a promise aux hommes de bonne volonté... Nous prions pour toi : la prière sera notre lien, notre consolation, notre bonheur..... Voici l'hiver avec son ciel gris, ses tristesses et ses engourdissements. Nous espérons que tu ne regretteras pas les séduisantes soirées du monde. Tu connais maintenant d'autres joies..... Cependant, je te dirai que parfois je crains pour toi ces découragements, ces dégoûts qui passent sur l'âme comme des vents funestes. Aussi demandons-nous à Dieu de te fortifier et de te soutenir dans la voie où tu es entré. » (25 octobre 1859.)

Par la pensée, Amand visite souvent la cellule où son frère l'a reçu plus d'une fois. « Sans doute, à l'heure qu'il est, six heures et demie, tu es dans ta chambre, au milieu de tes livres, auprès d'un foyer qui commence à s'échauffer... » (29 octobre 1861.) Et un an plus tard : « Te voilà donc de nouveau dans ta sainte et calme retraite; tu es comme dans une oasis, au milieu de Paris, ce désert qui a aussi ses mirages et ses brûlants rayons. Tu as retrouvé tes amis, tes frères, ces âmes douces et fortes que l'Église seule sait produire. Tu as retrouvé tes livres, mes anciennes lettres, que sais-je ? tant d'objets consacrés par de pieux souvenirs. » (20 octobre 1862.) Le jardin modeste que son frère se plaît à lui décrire l'intéresse aussi. « Tu me parles du jardin de l'Oratoire où fleurissent les dahlias et où croît le figuier. Le figuier est un arbre poétique : c'est aussi un arbre sacré comme la vigne, un arbre symbolique. La vigne surtout est l'arbre que l'homme chérit entre tous ; sous notre ciel gris, chaque famille a sa vigne, et il n'est point de chaumière que n'embrassent et ne couronnent les rameaux de cet arbre presque divin. » (20 octobre 1862.)

Dans le jardin de la rue du Regard, il y avait bien quelques vignes ; mais c'est sur les coteaux de Saint-Cyr, dans cette résidence où la mère d'Alfred Tonnellé croyait avoir fixé pour toujours les amis de son fils, que s'épanouissaient ces arbrisseaux dont le fruit, selon la forte expression d'un personnage biblique, *réjouit Dieu et les hommes* [1]. Amand connaissait cette demeure où l'ordination sacerdotale de son frère l'avait appelé ; il avait admiré l'avenue de vignes qui y conduisait, si riante même en hiver, qu'il n'osait y reconnaître l'entrée d'un noviciat ; à Tours comme à Paris il avait appris à estimer les compagnons de son frère. A l'un d'eux, il appliquait volontiers le texte : *Memento, Domine, David et omnis mansuetudinis ejus* [2], et il ajoutait : « Je n'oublierai jamais le pur et limpide regard du Père Lescœur. » Un autre a disparu de bonne heure, laissant de trop rares fragments qui rappelaient Pascal au P. Gratry ; et Amand qui l'avait entendu quelquefois avant de lire ses pages posthumes, a écrit : « Le P. de

1. *Juges*, ix, 13.
2. « Seigneur, souvenez-vous de David et de toute sa douceur. » (Psalm. cxxxi, v. 1.)

la Bastie était un large et puissant esprit; il avait de la hardiesse dans le regard intellectuel, et l'hypothèse ne l'effrayait pas. Il comprenait parfaitement la situation des catholiques en face des libres penseurs modernes : il voulait combattre, et combattre avec des armes perfectionnées, comme on dit aujourd'hui. Il voulait que les catholiques fussent des hommes de science et de grande science; c'était, selon lui, le seul moyen de vaincre les faux savants. Il y a une chose qui me plaît beaucoup chez le P. de la Bastie : c'est, si je puis ainsi parler, une sorte d'impassibilité; il sait se contenir en tout et partout. » (14 décembre 1867.)

Avec quelle joie impatiente Amand voyait approcher l'époque qui, chaque année, lui ramenait son frère! « Dans cinq mois, nous l'espérons, nous te retrouverons au milieu de nous. Nous jouirons de ces journées de septembre, embellies par les joies et les fêtes de nos cœurs. Hélas! l'amour de notre chère grand'maman a, comme le ciel d'automne, quelque chose de triste. » (19 mars 1861.) « L'année scolaire touche à sa fin, et dans deux mois nous te reverrons. Tu jouiras, s'il plaît à Dieu, d'un repos bien mérité ; tu passeras, auprès de notre chère grand'maman, des jours calmes et d'une douce gaieté. *Surgite postquam sederitis* [1]. Après ces vacances, tu reprendras tes études, et un jour, plein de force et de maturité, tu te lèveras au milieu du peuple de Dieu. » (9 juin 1862.) « Je n'ai pas besoin de te dire avec quelle joié nous te recevrons. Après une année d'études, tu trouveras à L. B. la paix, de fortes affections, tout ce qui repose le cœur et l'intelligence. » (28 juin 1863.)

Ces vacances, coupées de voyages qui nous menaient à Bruges, à Malines, à Liége, à Cologne, passaient, et la séparation était toujours douloureuse. Chaque année, c'est la même plainte qui revient dans les lettres d'Amand, mais cette plainte est tempérée par le sentiment du devoir et par l'espérance. « Samedi, 29 septembre, nous avons été tristes toute la journée ; nous songions à toi, à tes vacances si rapidement enfuies, à nos causeries, à nos joyeux repas. Tu es parti, emportant de doux et aimables souvenirs, qui embelliront tes jours

---

1. « Levez-vous après que vous vous serez reposés. » (Ps. CXXVI, 2.)

d'hiver et tes heures de solitude. » (1er octobre 1860.) « Nous voici donc séparés ; à nos fêtes de famille, à nos réunions pleines d'une si douce intimité, succèdent les jours de l'absence, les jours de la séparation. Et peut-être est-il heureux qu'il en soit ainsi : l'homme s'attacherait trop à la terre, il donnerait à sa vie pour unique but les affections du temps. Bénissons donc Dieu des jours qu'il nous a donnés, et des jours inconnus qui nous attendent; bénissons-le de ces joies du cœur qui laissent après elles des souvenirs qui rendent heureux longtemps encore après que ces joies ont passé... La température est toujours très chaude, c'est toujours le soleil de nos vacances, et cependant il me paraît moins beau depuis ton départ. » (9 octobre 1861.) « Le mois d'octobre est toujours bien brillant, et je bénis Dieu de nous donner un soleil si beau et si doux. Je le bénis de ces jours sereins qui enveloppent le corps et l'âme d'une atmosphère lumineuse. Hélas! que ne pouvons-nous passer ensemble ces heures pleines de soleil et de vie! » (17 octobre 1861.) « Les voilà donc enfuies ces vacances si ardemment désirées et si doucement goûtées, les voilà finies! Ainsi tout passe, jusqu'à nos joies les plus nobles et les plus pures, jusqu'à nos meilleurs souvenirs! Heureux ceux qui comprennent cette parole : *Tout est vain, hors aimer Dieu et le servir!* »

« Je suis allé dimanche à L. B.; la journée m'a paru maussade : tu nous manquais. Notre grand'maman et moi, nous avons parlé de toi avec attendrissement; nous avons essayé de ressaisir le fil de nos vacances envolées. » (20 octobre 1862.) Puis, répondant à une lettre dont l'accent lui avait sans doute paru mélancolique : « Ta lettre me charme et m'attriste. Ah! le poète a dit un mot qu'il n'est point banal de répéter : *Sunt lacrymæ rerum* [1], il y a des larmes au fond de tout, même au fond de nos joies.

« *Eh! qui au milieu de l'ivresse d'une grande joie n'a désiré mourir?* Cette parole, je la lisais il y a peu de jours dans un auteur souvent frivole, et je la trouve profondément vraie. Oui, quand une grande joie nous remplit le cœur, nous désirons mourir : nous sentons que la mort seule peut consacrer notre bonheur. »

1. *Énéide*, l. I, v. 462.

(28 octobre 1862.) Enfin, à la fin de septembre 1863, il écrivait à son frère : « Je comprends que tu aimes à penser à tes vacances. Tout du reste t'y invite : tes souvenirs, et ce soleil de septembre, parfois si rayonnant. Tu me rappelles nos promenades au milieu des blés, à travers ces sentiers qui conduisent à B... Tu me rappelles ce hameau que couronnent et ombragent de verdoyants bouquets d'arbres. Tout cela est fini, tout cela devait finir... »

Grâce à Dieu, ce qui était fini recommença plus d'une fois; nous renouâmes les entretiens interrompus. Aux derniers jours surtout, que de questions, tout ensemble inquiètes et confiantes, Amand m'adressa sur ces régions mystérieuses auxquelles il allait aborder ! Celui qui survit peut redire, en les appliquant au cher compagnon qui l'a laissé sur le chemin, les paroles que la mort et le souvenir de Nebridius inspiraient à saint Augustin. « Il vit au séjour sur lequel il m'interrogeait tant, moi pauvre homme ignorant. Il n'approche plus son oreille de ma bouche, mais il approche la bouche de son âme de cette source que vous êtes, ô mon Dieu ! et il se désaltère à loisir dans votre sagesse, au sein d'une félicité sans fin. Et cependant, je ne crois pas qu'il s'y enivre jusqu'à m'oublier, puisque vous, Seigneur, dont il s'abreuve, gardez mon souvenir[1] ».

VI

Amand s'était plu un jour à raconter une mort chrétienne : « M. Genn... avait une foi forte et naïve, foi qui a honoré et consolé ses derniers moments. Il est mort entouré de ses enfants et absous par son fils. Sa dernière heure a été, je dirai presque solennelle. Saisi par la mort, il dit à ses enfants qui l'avaient placé près d'un large et chaud foyer : *Nunc frigore mortis correptus sum*[2]. » (7 avril 1862.) Et, quatre ans plus tard, à propos de la même famille où il comptait un de ses meilleurs amis, il écrivait : « Edmond Genn... vient de perdre sa sœur, re-

1. « Ibi vivit unde me multa interrogabat homuncionem inexpertum. Iam non ponit aurem ad os meum, sed spirituale os ad fontem tuum ; et bibit quantum potest sapientiam pro aviditate sua, sine fine felix. Nec eum sic arbitror inebriari ex ea ut obliviscatur mei, cum tu, Domine, quem potat ille, sis nostri memor. » (*Confessions*, l. IX, c. III.)

2. « Maintenant, je suis saisi par le froid de la mort. »

ligieuse de chœur à Esquermes. Je vis cette jeune fille, il y a quelques années ; elle était alors brillante de santé. Aujourd'hui, la voilà morte. L'antiquité disait que *ceux qui meurent jeunes sont aimés des dieux*. Nous pouvons redire cette parole en la modifiant, et nous seuls, chrétiens, en comprenons le véritable sens. » (5 mars 1866.)

La mort qu'Amand avait vue frapper ailleurs, allait frapper auprès de lui. Le 9 octobre 1866, au soir d'une radieuse journée d'automne, son aïeule octogénaire s'éteignait dans la paix et dans l'espérance chrétiennes. Cette fin qu'il s'était obstiné à ne pas prévoir, et que par les soins les plus assidus et les plus tendres il eût voulu retarder, le plongea dans une inconsolable douleur. A son frère, de retour à Paris, lui-même de retour du presbytère où son oncle lui avait offert l'hospitalité, et où il était allé prendre pied, il écrivait le 8 novembre 1866 : « Notre maison achève de se vider... En revoyant L. B., en parcourant notre maison déserte, je me suis senti profondément triste. C'est donc une séparation complète que celle qui s'opère : je vois se rompre tous les liens qui jusqu'ici avaient formé ma vie. Parfois, j'ai l'air de faire un songe : il me semble que ma grand'mère est là, ou va revenir. D'autres fois, je veux en quelque sorte braver la douleur. Je suis, dans l'un et l'autre cas, en dehors du vrai. Dieu ne veut pas que nous bravions la douleur, il veut que nous l'acceptions avec résignation, et que nous ayons une invincible confiance en lui. Dieu est bon, et il ne nous a pas mis en ce monde pour se jouer de nous. »

A la fin de novembre, Amand était installé au presbytère de Fress..., et il écrivait à son frère : « Les jours que je viens de traverser ont été des jours bien tristes ; il a fallu déménager, emporter pièce à pièce tous les objets qui ont appartenu à notre grand'mère ; il a fallu fermer cette maison dans laquelle nous avons trouvé la tendresse d'une mère. Tout cela a été infiniment douloureux. »

« Aujourd'hui, me voilà chez mon oncle. A L. B., même dans ces derniers temps encore, j'étais chez ma grand'mère. J'avais l'illusion — illusion cruelle, il est vrai — de croire qu'elle était là, ou qu'elle allait revenir. Je voyais sa chaise, ses livres de prières, son chapelet, toutes choses qui avaient été mêlées à sa vie. Maintenant cette illusion a disparu. Notre maison est vide ; les murs sont nus.

« C'est à Fress... qu'il faudra m'adresser tes lettres. Ma solitude est ici profonde. Je ne sais si je pourrai y vivre. A L. B., il est vrai, je vivais seul, mais il y avait là un certain mouvement extérieur qui n'existe pas ici...

« Je suis sûr que tu pries chaque jour pour notre grand'mère : c'est l'office du prêtre de prier et d'intercéder. Tu prieras aussi pour moi... Ces jours derniers, j'ai relu les Oraisons funèbres de Bossuet. Je ne les avais jamais mieux senties ; elles trouvaient un écho naturel dans mon âme. Je pouvais dire, comme dans l'Oraison funèbre de la duchesse d'Orléans : *Stringebam brachia, et jam amiseram quam tenebam*[1]. J'avais tenu ma grand'mère embrassée et je l'avais sentie s'échapper de mes mains. Adieu, mon cher Augustin ; tout est triste en moi et autour de moi. Prie Dieu de me rendre la joie : *redde mihi lætitiam*[2]. » (25 novembre 1866.)

---

1. « Je serrais les bras, mais j'avais déjà perdu ce que je tenais. » (S. Ambr., *Orat. de obitu Sat. frat.*, l. I, n. 19.)

2. « Rendez-moi la joie. » (Ps. L, 14.)

7.

Les mois s'écoulaient, les années devaient passer aussi ; la blessure saignait toujours. « Il y aura demain trois mois que notre grand'mère est morte. Hélas! que j'ai perdu en la perdant! Je sens que toute ma vie je la pleurerai ; le temps ne fera qu'accroître ma douleur : c'est une plaie qui chaque jour deviendra plus large et plus profonde. J'irai à L. B. la semaine prochaine. Autrefois, quand j'allais à L. B., c'était avec la joie dans le cœur ; aujourd'hui *je referai en pleurant ce chemin si heureux*[1]...

« Il y a eu samedi vingt-deux ans que notre mère est morte. J'ai la confiance qu'elle est maintenant *devant Dieu*, comme nous disons dans notre langage vulgaire et chrétien ; elle est devant Dieu, c'est-à-dire devant cette beauté infinie dont la rapide apparition faisait dire aux apôtres : *Qu'il fait bon ici!*

« Adieu, mon cher Augustin ; ce me sera un bonheur de te voir quand j'irai à Paris... » (8 janvier 1867.) « Depuis quelques jours nous avons une température très douce ; le soleil re-

----

1.   .... J'ai refait en pleurant
Tous les chemins heureux que j'avais sur la terre.

(Louis Veuillot, *Poids de la vie.*)

paraît avec un éclat enchanteur. Que le spectacle de la nature est beau! Ah! je comprends Gilbert s'écriant :

> Salut, champs que j'aimais, et vous, douce verdure,
> Et vous, riant exil des bois !

« Ce spectacle a cessé pour notre chère grand'-mère; je te le disais, durant nos promenades d'octobre. Heureusement, au spectacle des choses visibles succède le spectacle des choses invisibles; à la vue des créatures succède la vue de Dieu. Cette pensée console. Notre chère grand'maman voit maintenant Dieu, qui est la beauté infinie. » (Février 1867.)

Près d'un an après la date funèbre du 9 octobre 1866, il écrivait à son frère : « C'est donc demain la Saint-Augustin... Les années précédentes, nous étions réunis autour d'une même table; on t'offrait des fleurs, aujourd'hui plus rien de tout cela : le vide s'est fait, le foyer s'est éteint. Soyons fermes en présence de ces dispersions et de ces ruines : *Non habemus hic manentem civitatem*[1]. »

---

1. « Nous n'avons pas ici une cité permanente. » (Ép. aux Hébreux, xiii, 14.)

Et cependant, ce séjour dans la solitude qui commençait sous des auspices sévères et dans une profonde tristesse devait avoir ses contentements et ses joies ; Amand y passa cinq des plus heureuses années de sa vie. Peu de temps après s'y être installé, le 30 novembre 1866, il écrivait : « Mon oncle se montre très bon pour moi. J'ai *bon souper, bon gîte*, d'aimables causeries. Je serais heureux si je pouvais ne plus songer au passé et me tranquilliser à la vue de l'avenir. »

Ce qu'était l'hôte qui l'accueillait, Amand le dira ; il nous fera aussi connaître le village qu'il allait habiter. Du vivant de sa grand'mère, il y avait fait d'assez fréquents voyages dont il se souvenait volontiers. « Il y a un an, écrivait-il le 29 octobre 1861, je passai la fête de la Toussaint à Fress..., au milieu de champs dénudés, dont le silence me faisait si bien comprendre cette image de Virgile : *Silent late loca*[1]... »

Il y était retourné plus d'une fois et y avait accompagné son aïeule. « J'ai passé plusieurs jours au milieu des arbres, des oiseaux et des

---

1. « Au loin tout fait silence. » (*Énéide*, l. IX, v. 190.)

fleurs ; j'ai pu contempler de vastes plaines et de lointains horizons... » Il ajoute, et j'en suis sûr, un tel détail obtiendra grâce sans invoquer d'illustres précédents : « *Phanor*, tout vieux qu'il est, nous a reconnus et est venu nous donner quelques caresses. » Puis, la pensée s'élève : « Nous voici au milieu du mois de mai, tout bourdonne, gazouille et chante ; oiseaux et fleurs sont en fête. Les cœurs purs sont aussi en fête, ils chantent les louanges de la Vierge Marie. » (18 mai 1862.) « Je reviens de Fress... De Paris, tu le revois ce village, tu revois les plaines monotones et nues qui l'entourent, et que çà et là domine la croix d'un clocher. Tu en connais la solitude et le silence, silence qu'interrompent de temps en temps les longs mugissements des bœufs et de petits cris d'oiseaux. Tu vois tout cela, et ton cœur, comme le mien, s'attendrit. Oublierais-je le presbytère où, à l'ombre de Dieu, nous trouvons toujours un si cordial accueil? » (19 février 1863.) Le 8 juin de la même année, il écrivait : « Nous nous proposons, ma grand'mère et moi, d'aller la semaine prochaine à Fress.... Je reverrai Fress... avec bonheur ; j'en aime les aspects silencieux. J'y trouverai, comme parle

Mme de Sévigné, *le triomphe de l'été*, des champs prêts à jaunir et des buissons tout en fleurs. Si Homère, si Virgile avaient été chrétiens, avec quelle poésie ils auraient parlé des presbytères, de ces maisons simples, chastes, j'allais dire divines ! » On a quitté une fois encore le paisible village, et Amand écrit : « J'ai passé à Fress... quelques jours pleins d'intimité et de causeries ; nous avons beaucoup parlé de toi... Le soir, nous nous promenions dans le jardin, je goûtais profondément le charme de ce moment, j'évoquais de chères images et je me laissais envelopper par les ombres et le silence. On nous a fait fête ; Vict... nous a révélé une fois de plus son talent culinaire, et *Phanor* n'a point été insensible à nos caresses...

« Dimanche, j'ai assisté à la procession du Saint-Sacrement. Cette cérémonie m'a touché, elle m'a rappelé le tableau de Jules Breton[1]. Il n'y avait ni or, ni argent, ni roses, mais des branches d'arbres, mais des fleurs humbles comme la foi de nos paysans. Aimons Fress... Ce lieu a sa beauté, il a cette poésie du cœur,

---

1. *La Bénédiction des blés en Artois.*

préférable à tous les grands tableaux qui saisissent l'imagination. » (21 juin 1863.)

C'est bien Fress… et les années évanouies que me rendent ces pages. Je revois le presbytère où, trop défiant de l'action et craignant d'être autre chose qu'un passager sur le vaisseau de la vie, Amand avait cherché un refuge. Je revois cet étroit jardin où fleurs et fruits croissaient un peu au hasard; je vois ces plaines presque dépourvues d'ombre, que le soleil brûlait en été, que le vent, aux jours de l'automne et de l'hiver, emplissait de longues plaintes qui nous rappelaient ces vers d'Autran :

> O triste vent d'automne ! ô d'un monde en détresse
>   Pleureur le plus ancien !
> Je dirai mon secret et le mal qui m'oppresse
>   Quand tu diras le tien [1] !

Amand, dans ses lettres, a poétisé tout cela, et moi-même, en évoquant mes souvenirs, je l'idéalise aussi; mais n'avait-il pas raison et ai-je tort? « Au fond, dit Mme Swetchine, il n'y a dans la vie que ce qu'on y met [2]. » Ce qui est vrai de la vie l'est aussi des lieux où elle s'écoule

1. *La Vie rurale, Vent d'Ouest.*
2. *Airelles*, cviii.

et des paysages qui l'encadrent; nous y mettons notre âme, et ils nous apparaissent teints,
pour ainsi dire, des couleurs sombres ou joyeu
ses que nos sentiments leur ont prêtées. Nous
les dotons même d'une vie et d'une beauté qu'ils
n'ont pas toujours ou qu'ils n'ont guère, et ainsi
ils s'estompent dans les brouillards, ils resplen-
dissent aux soleils que chacun de nous, comme
Pascal, porte en lui-même. L'âme peu rêveuse
d'Ulysse apercevait cependant la pierreuse[1]
Ithaque embrasée par les feux du couchant[2];
et c'est dans un ciel d'apothéose que se détache
à nos yeux cette

montagne aride
Qui ne porte en ses flancs ni bois ni flot limpide[3],

mais où rayonne pour des siècles l'humble ma-
noir de Milly. Les sites même les plus vantés et
le plus incontestablement beaux, ne doivent-ils
rien aux grands artistes qui les ont décrits?
L'enthousiaste admiration, la plume éclatante de
Chateaubriand et de Lacordaire n'ont-elles rien
ajouté aux sublimes horizons de la campagne ro-

1. *Odyssée*, l. I, v. 247, et passim.
2. *Odyssée*, l. IX, v. 21.
3. *Milly, ou la Terre natale.*

maine ? Non pas que l'âme fasse la beauté des choses, mais cette beauté n'existe que pour l'âme, et c'est l'âme qui a mission de la découvrir, de la comprendre, je dirai même de la compléter.

VII

Dans la vie et dans les sites que nous habitons, outre ce que nous y mettons, il y a aussi ce qu'y mettent les êtres qui nous aiment. Or Amand avait trouvé à Fress... le meilleur des hôtes, et plus tard, lorsqu'il l'eut perdu, il ne se lassa point d'évoquer son souvenir et sa figure. Conseillé et dirigé par lui, il se chargea de l'éducation d'un enfant qui, devenu homme, est prêtre aujourd'hui. Avec son oncle il avait de longs entretiens, il faisait d'interminables promenades, parfois même de petits voyages ; durant ses courtes absences, il se plaisait dans une solitude qu'il savait ne devoir pas être définitive. « Je suis à l'heure qu'il est seul, ou peu s'en faut... *Bijou* est là, à mes côtés, dormant ou rêvant, levant au moindre signe ses regards sur moi, et me prodiguant ses caresses. Quelle bonne bête ! Je me plais à penser qu'avant la chute toutes les bêtes de la création devaient aimer ainsi l'homme... » (21 novembre 1867.) Mais un souvenir grave, où se mêle un pressentiment que nous retrouverons encore, appelle en haut et tourne en prière cette pensée qui s'égayait. « Je te remercie des souhaits que tu formes pour moi à l'occasion de l'anniversaire de ma naissance. Me voici arrivé presque au milieu de la vie. *Ne revoces me, Domine, in dimidio dierum meorum*[1]. »

Une fois qu'il s'y fut acclimaté, le village où il s'était fixé ne lui déplut pas, même durant l'hiver ; et cependant le 11 novembre 1868, il écrivait : « Plus de promenades, des chemins affreux, des champs dépouillés de toute verdure. » Il est vrai qu'Amand ajoute : « Pour consolation nous avons des livres et un bon feu. Nous devons encore bénir Dieu. Que d'êtres humains manquent et de la nourriture de l'âme et de la nourriture du corps ! » Cette pensée de commisération et de reconnaissance lui reviendra plus d'une fois. « L'hiver sévit à Fress... ; il me semble qu'il y fait plus froid qu'ailleurs.

1. « Ne me rappelez pas au milieu de mes jours. » (Ps. ci, 25.)

Heureux qui n'a point à craindre les frimas. *Non timebit domui suæ a frigoribus nivis*[1]. »

Dès que le ciel, souvent sombre ou pluvieux, s'est éclairci, Amand est tout à la joie que lui causent des horizons qui s'égayent. « Aujourd'hui j'ai permis au soleil l'entrée de ma chambre ; ma fenêtre est ouverte, et mes yeux se reposent avec un charme indicible sur ces plaines tranquilles que tu connais. *Placidum Tibur*, disait Horace. Une des grandes jouissances de la vie des champs, c'est le calme, la sérénité qui se dégage de toutes parts et qui monte jusqu'à l'âme... » (10 juin 1869.)

Au cours de ces années heureuses, Amand continue de lire, d'apprécier les œuvres littéraires et aussi les événements politiques auxquels, d'ailleurs, sans oublier jamais ses devoirs de citoyen, il n'accordait dans son esprit qu'une place secondaire. La maturité vient pour lui ; sa pensée et son style s'affermissent ; à mesure qu'il avancera dans la vie, il se recueillera davantage, et c'est en plein progrès que la mort le saisira. Certains jugements sur des œuvres

1. « Elle ne craindra pas pour sa maison le froid et la neige. » (*Proverb.*, XXXI, 21.)

qui paraissaient alors, sembleront un peu cha-
grins, et lui-même reconnaîtra qu'il y avait lieu
de les reviser. « Le numéro de la *Revue d'Éco-
nomie chrétienne* que tu nous as envoyé, con-
tient un article sur le *Récit d'une sœur*. Ce livre
ne me plaît point, c'est trop mondain, trop
terrestre, du moins dans la première partie ;
pour dire tout ce que je pense, c'est trop *lune
de miel*. La vraie piété n'a point cette fièvre,
cette passion ; elle est calme, sereine ; elle con-
tient toutes les émotions de l'âme, pour les rendre plus intenses, plus vives. Mme de la F... parle
des *beaux yeux* de son mari, alors qu'il est sur
le point de mourir... » (29 octobre 1867.) Celui
à qui s'adressait cette lettre protestait comme
il proteste encore, et on lui répondait : « Il m'a
semblé que l'œuvre publiée par Mme Craven avait
été écrite sous l'empire d'une exaltation trop
continue, sur un ton trop passionné. Cela me
paraissait un peu fiévreux. Je ne doute pas qu'à
une lecture plus attentive je ne revienne de ma
première impression. »

L'opinion du public, j'entends du public qui
compte, n'était pas la règle souveraine de ses
appréciations littéraires. « On a beaucoup ad-

miré le discours de M. de Rémusat (répondant à
Jules Favre); c'est exquis, a-t-on dit. Pour moi,
je trouve que c'est empesé, cela manque de naturel. Je n'aime pas que la pensée se fasse devi-
ner; je ne veux pas que le discours ressemble à
un jeu d'adresse. » (28 avril 1868.)

En revanche, des œuvres d'une moindre va-
leur et d'une renommée plus modeste le trouvaient parfois moins sévère. « Je lis en ce moment un livre de Mme Bourdon : *Marthe Blondel*.
C'est une peinture de mœurs lilloises. *Marthe*
est une ouvrière de fabrique; elle soutient ses
parents, lutte contre la pauvreté, triomphe de
toutes les séductions, et, dans ces manufactures
où la vertu et la pudeur ne peuvent vivre, elle
reste pure. Mme Bourdon sait charmer et toucher, elle a un vrai talent de peintre flamand. »
(5 janvier 1869.)

Respectueux des légitimes libertés de la
science, et nullement porté à les restreindre,
Amand l'était aussi, l'était plus encore des
bornes que l'orthodoxie leur a tracées ; et certaines audaces l'effrayaient, surtout à cause de
ce qu'elles semblaient présager. « Le P. Hyacinthe a un talent incontestable, écrivait-il le

2 août 1869, mais je le trouve parfois un peu
téméraire, il aime à fraterniser avec l'ennemi.
Comme nos solats de Crimée, à la moindre
trêve, il bivouaque avec ceux qu'il est appelé à
combattre. » Cette *ligue de la paix*, dont les
tendances et les doctrines allaient recevoir des
événements un si formidable démenti, ne lui
inspirait qu'une confiance médiocre. « Les
congrès de la paix et autres réunions de ce
genre sont difficilement accessibles à des
prêtres. Dans les doctrines et dans les mots, on
y cherche trop les nuances, et l'on arrive ainsi
à confondre toutes les couleurs ; les limites pré-
cises des doctrines s'effacent et disparaissent. »
(17 juillet 1869.) Longtemps auparavant Amand
avait reproché au conférencier des hardiesses
d'un autre ordre. « Le P. Hyacinthe a le malheur
de rechercher avant tout l'effet ; de là, peu de
justesse dans les pensées, dans les mots, dans
les images. Il ressemble à ces compositeurs qui
recherchent la difficulté, le *brouhaha*, plutôt
que les beautés simples et vraies. Je n'aime pas
la peinture qu'il fait de la courtisane. Le P. Lacordaire a aussi traité de l'amour et de ses
abus, mais avec quel tact et quelle exquise dé-

licatesse ! Ce n'est pas lui qui aurait parlé des *mouvements de la taille*. Il est des détails qu'un prêtre est censé ignorer. Je te citerais à ce sujet une pensée de La Bruyère, mais tu la connais. » (27 décembre 1866.)

Nous sommes bien loin des événements qui préoccupaient, il y a vingt ans, l'opinion publique : la révolution espagnole de 1868, les élections françaises de 1869, le plébiscite de 1870. Amand n'a eu, je pense, à rétracter aucun des jugements que ces divers événements lui suggéraient, au fur et à mesure qu'ils s'accomplissaient. « Après tout, écrivait-il le 8 octobre 1868, la reine Isabelle représentait l'ordre et l'autorité. Aujourd'hui, ce qui triomphe en Espagne, c'est la révolution, c'est le désordre. Il est probable que l'on voudra faire en Espagne ce qu'on a fait ailleurs : on sécularisera pour déchristianiser. La Prusse n'est point étrangère, dit-on, à cette révolution. La Prusse joue en Europe un rôle odieux : elle est bien l'héritière de ces chevaliers teutoniques qui ont trahi leur foi. Son roi actuel, sous ses allures guerrières, affecte je ne sais quoi de mystique et de religieux : c'est un chevalier renégat. » Le 10 juin 1869, il

écrivait : « Certaines élections de Paris désho-
norent la France ; » et comme s'il eût prévu le
voyage aérien du futur dictateur de 1870, il ajoutait : « M. Gambetta me paraît surfait. Je ne
crois guère à son éloquence. C'est un ballon qui
monte et qui arrête un moment les regards de
la foule, mais qui tout à l'heure va descendre
ou plutôt tomber. » Enfin, à la veille presque
du plébiscite, il écrit : « Je ne sais vraiment
pas quel mauvais génie a inspiré l'empereur. Le
vote, quel qu'il soit, ne consacrera pas son pouvoir ; il ne pourra que l'ébranler. Je me rappelle avoir lu dans le cardinal de Retz une pensée qui m'a frappé : *Le droit des peuples et le
droit des rois ne s'accordent jamais si bien que
dans le silence...* » (29 avril 1870.)

Amand ne s'arrête guère à des considérations
de ce genre ; il semble se plaire davantage aux
détails familiers de la vie de tous les jours. Revenu des longs voyages, il quitte encore de
temps en temps, mais pour peu de jours, le
foyer qui l'abrite. « Nous sommes allés, mon
oncle et moi, au couvent du Mont des Cats. J'ai
été édifié et effrayé des austérités des trappistes.
J'ai traversé Bailleul, c'est une ville d'un aspect

tout flamand. A mon entrée dans la ville, le
carillon chantait gaiement ; avec un peu de fa-
tuité, j'aurais pu croire que j'étais l'occasion de
ces joyeuses sonneries. Les habitants de Bailleul sont généralement de bons catholiques.
Les femmes, les jeunes filles du peuple portent
encore le long mantelet noir ; on les rencontre
aux abords des églises, la tête couverte du ca-
puchon ; le soir, on les prendrait pour des
ombres. La Flandre a, dans ses villes et ses campagnes, une physionomie qui lui est propre. A
notre époque, cela est rare. » (29 décembre 1868.)

Les fêtes printanières, qu'il avait jadis tant
goûtées, le charment encore : « .....La cérémonie de la première communion a été touchante.
Cette fête revêt aux champs un caractère particulier de candeur et d'innocence. En ce jour, il
y a harmonie complète entre les joies de l'âme
et les fêtes, les spectacles que donne la nature. »
(6 juin 1868.) Plus tard, revenant sur son enfance attristée, il écrira : « C'est une bien belle
fête que la fête de la première communion ; elle
m'a manqué. Il faut avouer que mes premières
années ont été déshéritées. Je n'ai senti, goûté
la fête de la première communion qu'à Fress...

Mon oncle mettait à la célébration de cette fête un zèle admirable ; il s'y dépensait tout entier. » (1ᵉʳ mai 1872.)

Certaines morts, le retour de certains anniversaires, amenaient sous sa plume des réflexions ou des récits que la banalité n'effleurait jamais. « Je ne sais si tu as appris la mort de M. Cestac, le fondateur des Servantes de Marie[1]. L'abbé Cestac était un saint ; il vivait complètement de la vie de la grâce, et cette vie s'épanouissait en lui : elle éclatait dans son regard, dans ses paroles, dans tout son être. On eût dit qu'il voyait déjà Dieu, comme le voient les anges des petits enfants. » (29 avril 1868.)

Pour raconter la mort d'un autre prêtre, le premier guide de son enfance, Amand trouvait un pénétrant langage : « Voilà M. le doyen de L. B. mort ! C'était un événement prévu depuis longtemps ; il saisit cependant, il émeut. M. le doyen nous avait presque tous baptisés et préparés à la première communion ; il y avait entre lui et

---

1. Du diocèse de Bayonne, où elle a été instituée, la congrégation des Servantes de Marie s'est répandue dans d'autres diocèses, et particulièrement dans celui de Cambrai ; elle dirige à Fress... une école. La *Vie de M. Cestac* a été écrite par M. l'abbé Puyol (Bayonne, 1878).

nous une véritable parenté spirituelle, *sanguis animæ*, comme parle saint Augustin... Mon oncle rentre de L. B., où il a assisté aux funérailles de M. le doyen... Ces funérailles ont été fort belles... Mon oncle a dîné à la cure, veuve de son maître. Le vin de M. V... (le prédécesseur du défunt) a été servi une dernière fois. En quelles mains va passer ce cher et célèbre vin ? Il a survécu à ses possesseurs ; il a peut-être cinquante ans et plus. Au dire des connaisseurs, il est exquis ; rien n'égale sa finesse, sa beauté, son parfum... Vraiment, je me reproche cette petite digression, elle te paraîtra peut-être badine, légère, dans une circonstance aussi grave. Et cependant, est-ce que les objets matériels qui nous entourent n'ont pas avec nous des liens secrets, intimes ? Ne sont-ils pas souvent des signes qui nous rappellent les personnes que nous avons aimées ? Ce vin de M. V... éveillera le souvenir de deux bons prêtres, et en portant la joie au cœur, il donnera peut-être le goût de la vertu. » (28 février 1869.)

On a célébré l'anniversaire de sa naissance, et Amand écrit : « Je te remercie des vœux que tu formes pour moi.... Le 20 novembre, nous avons mangé de la tarte. La tarte, c'est toujours le pain du bon Dieu, mais c'est le pain en habit de fête... » (29 novembre 1868.)

Une année s'achève, et, par l'émotion de l'accent, par l'ingénieuse justesse de l'image, Amand donne à l'expression de ses sentiments et de ses souhaits une sorte de nouveauté poétique et grave. « Nous voici encore à la fin d'une année. En temps ordinaire, on ne s'aperçoit guère de la rapidité des années, mais, à cette époque, on en a conscience : il y a comme un temps d'arrêt, comme une station; l'on voit que l'on a fait du chemin, et que l'on touche à des régions inconnues, l'un à l'âge mûr, l'autre à la vieillesse, un troisième, à l'heure de la mort. Nous ressemblons un peu à des voyageurs montés dans un train de grande vitesse : tout à l'heure, ils étaient au Midi, sous un chaud et doux soleil, et soudain, les voici transportés à deux cents lieues de là, dans un pays froid et humide.... Mais je ne veux point prolonger la comparaison, j'aime mieux te souhaiter tout de suite une bonne et heureuse année. C'est une formule un peu vulgaire; pour beaucoup d'hommes elle est dénuée de sens;

pour les chrétiens, elle a un sens et un sens élevé. Quand nous demandons le bonheur les uns pour les autres, nous savons ce que nous demandons, parce que nous avons la vraie notion du bonheur. » (31 décembre 1867.)

Au milieu de la quiétude, du grave contentement qu'expriment toutes les lettres de cette époque, Amand fut pris d'hémorragies qui jetèrent dans l'effroi tous ceux qui l'aimaient. Averti dès longtemps de sa native faiblesse, il avait écrit en mars 1862 : « Je sens que je ne suis pas un vaisseau d'une construction solide, capable de faire une longue traversée dans la vie; » à la date du 30 avril 1869, il écrivait : « Je continue de suivre un petit traitement que le médecin m'a indiqué... Je ne mourrai pas encore cette fois, et du reste, je ne le désire point : *Ne revoces me, Domine, in dimidio dierum meorum.* Hélas ! que notre pauvre machine humaine est faible ! Qu'elle se détraque facilement ! Nous croyons jouir d'une bonne santé, nous faisons des projets, des rêves, et soudain, voici qu'un germe de maladie se déclare : nous avons comme une apparition de la mort. »

8.

VIII

Oui, la mort s'était montrée, et, quelques années
plus tard, elle devait frapper celui qui l'avait
entrevue ; mais elle allait d'abord faire à côté de
lui une victime. Durant le carême de 1870, le
curé de Fress... éprouva les premières atteintes
d'une maladie qui de bonne heure fut reconnue
irrémédiable. Elle poursuivit lentement son
cours ; et bientôt, à nos angoisses domestiques
de patriotiques angoisses vinrent s'ajouter.
L'année sinistre s'achevait, emportant dans un
tourbillon de neige et dans un flot de sang la
prospérité, la gloire, la sécurité même de la
France ; et l'année terrible s'ouvrait pour nous,
dans une froide journée de janvier, au bruit du
canon de la bataille de Bapaume. Amand avait
subi deux fois, en octobre et en décembre 1870,
l'examen d'un conseil de revision, et, chaque
fois, il avait été jugé impropre au service militaire.
Renfermé dans ce presbytère où les échos du
dehors n'apportaient que de lugubres nouvelles,
Amand donnait au mourant des soins sans répit
et sans mesure, et c'était meurtri pour toujours

qu'il allait sortir de ces longs mois d'angoisse.
« Tu me rappelles, a-t-il écrit plus tard, de
bien douloureux souvenirs : la maladie de mon
oncle, son agonie qui a duré quinze jours...
Quelle année nous avons passée! Que de fois
j'ai redit cette parole : *Foris pugnæ, intus ti-
mores* [1] *!* A l'extérieur, la guerre; à l'intérieur,
des craintes, des alarmes continuelles. » (18 mars
1872.) La mort dès longtemps prévue arriva le
5 mars 1871, et elle chassa Amand de la demeure
où il avait espéré vieillir. Pourquoi ne le dirais-je
pas ? Les PP. Pététot et Lescœur lui offrirent
alors l'hospitalité de l'Oratoire. En l'acceptant,
il eût gardé toute sa liberté, et ne se fût point
séparé de son frère. Amand n'agréa point cette
offre, je ne sais même s'il en pesa bien tous les
avantages; mais il est bon de la mentionner : il
y avait là une de ces délicatesses où se révélaient
et l'exquise bonté du P. Lescœur, et cette générosité d'âme qui, chez le P. Pététot, s'alliait aux
formes d'une politesse un peu froide.

Après quelques hésitations, Amand se fixa
dans une ville pieuse et lettrée. Compagnon de

1. « Combats au dehors, frayeurs au dedans. » (IIe Ép.
aux Corinthiens, vii, 5.)

sa vie durant la plus grande partie de 1871, je n'ai reçu alors de lui que quelques lettres ; de l'une d'elles, je détache le trait suivant : « L'autre soir, j'ai trouvé mon serin mort[1] ; j'en ai été triste. J'ai cru qu'il dormait ; mais bientôt j'ai vu qu'il était froid et roidi déjà. Ce pauvre oiseau est mort seul comme il avait vécu. » (28 novembre 1871.)

De sûres et cordiales amitiés eussent entouré Amand dans sa vie nouvelle, si, dès le début, il ne s'était trop complu dans la solitude. Cette solitude, il ne voulut cependant pas y vivre jusqu'à la fin, et, le 17 janvier 1872, il contractait une union qui, hélas ! devait durer trop peu. De cette date à la date funèbre du 21 juin 1875, ses lettres sont nombreuses. Les retours vers le passé y abondent ; Amand ne se lasse pas de rappeler ceux qui ne sont plus, et les moindres détails de la vie d'autrefois lui reviennent avec une douceur amère et un charme inexprimable. Je le laisserai parler, dût cette douleur qui ne veut ni se consoler ni se distraire, paraître un peu monotone.

---

1. Ce serin venait de Fress....

« Comme l'image de mon oncle est vivante en moi ! Je ne sais, mais j'ai une grande puissance d'évocation. Que nous étions bien reçus dans ce presbytère de Fress...! Mon oncle se montrait aimable, chaud, tendre. Oui, tendre, car, en avançant dans la vie, il avait acquis une grande tendresse. Cette tendresse s'est surtout révélée sur son lit de mort, et j'en ai reçu des témoignages que je n'oublierai jamais. » (18 mars 1872.)

« Hier, j'ai donné un petit dîner.... Une pensée douloureuse est venue à mon esprit : de tous ceux qui sont ici, aucun n'a connu mon oncle : c'est son vin que l'on boit, ce sont ses meubles dont on se sert. Qu'est-ce donc que la vie ?.... » (2 avril 1872.)

« Mon Dieu ! que les jours passés avec mon oncle me reviennent souvent à la mémoire ! Je le revois toujours, j'assiste à ses conversations, je me promène avec lui, je me rappelle ses moindres paroles..... Je comprends, je sens mieux ses qualités que jamais. Quel cœur expansif et chaud !... » (1er mai 1872).

« J'ai passé la fête de la Toussaint en partie à l'église... Cette fête de la Toussaint et la fête des Morts reportent mes regards en arrière :

mon père, ma mère, ma grand'mère, ont passé devant mes yeux. Je les ai vus tels qu'ils étaient pour moi, pleins d'affection et de dévouement. Quand je songe aux pertes que j'ai faites, quelles que soient les affections qui me restent, il me semble parfois que mon existence est brisée.... Il y aura toujours dans ma vie des vides que rien ne pourra combler. C'était hier la Saint-Charles, autre souvenir douloureux ! Mon oncle mort m'est mieux connu que vivant ; j'apprécie mieux les qualités qui le distinguaient, sa douceur, sa fermeté, sa tendresse et son énergie, la sûreté de son jugement et la chaleur de son zèle. » (5 novembre 1872.)

« Parfois, je me reproche de trop vivre de mes souvenirs, et d'oublier le présent. Mais certains souvenirs ne sont-ils point la meilleure part de l'âme ? Penser à des parents bien-aimés, s'inspirer de leurs exemples et de leurs leçons, n'est-ce pas bon et utile ? » (30 novembre 1872.)

« J'ai achevé mes *Notes et souvenirs de famille.* J'ai éprouvé à écrire ces notes un charme mêlé de tristesse. Que de souvenirs heureux j'ai évoqués ! Que de visages aimés j'ai vus passer devant mes yeux !... Quand j'habitais L... et que je revenais à L. B., je ressentais, en revoyant ma grand'mère, une joie profonde. Comme son accueil était chaud ! Je goûtais, je savourais ce que les Anglais appellent le *at home....* » (1er octobre 1873.)

« Nous touchons à l'anniversaire de la mort de notre oncle ; il est toujours vivant pour moi. Dans mes *Souvenirs de famille*, je termine ainsi ce que je dis de lui : « Dieu, en m'enlevant mon oncle, « ne pouvait m'envoyer une plus grande affliction. « Je désire que mes enfants conservent particu- « lièrement le souvenir de leur oncle.... Hélas ! ils « ne le connaîtront que par mes froides et incom- « plètes paroles ! Ils n'auront pas vu son visage, « ils ne l'auront pas visité dans son presbytère ; « ils n'auront pas reçu son accueil si chaud, si « cordial, ils n'auront pas vu ses bras se tendre « vers eux !.... » (28 février 1874.)

« Il y a huit ans, à pareille époque, notre grand'mère se mourait. J'ai voulu relire les pages que tu écrivis sur ses derniers jours. J'en ai été touché. Elle est maintenant, j'en ai la confiance, dans un séjour meilleur. » (9 octobre 1874.)

« ... Il y a eu, le 23 de ce mois, sept ans que

j'arrivais à Fress… pour m'y installer. Je me souviens de ce jour comme si c'était hier. Comme mon oncle m'a aimé ! Je suis quelquefois étonné de cette affection que mon oncle a eue pour moi. Je ne la méritais pas d'une manière aussi complète… Le souvenir de cette affection me redonne encore quelquefois force et confiance en moi-même… » (28 novembre 1874.)

« Je te parle souvent de mon oncle et de ma grand'mère ; c'est que ces chers morts sont plus vivants pour moi que bien des vivants. J'espère les retrouver un jour dans une union qui ne finira plus… » (21 janvier 1874.) Un jour même, sous l'empire d'une tristesse découragée, où il ne faudrait pas voir l'état permanent de son âme, il écrit : « Vraiment, on se demande comment on peut survivre à la mort de certains parents, ou du moins goûter encore les choses de la terre. Pour moi, la vie est bien désenchantée. Même ce soleil d'avril, qui brille en ce moment, ne me cause pas le même ravissement qu'autrefois… » (6 avril 1874.)

Tous les souvenirs de ce passé lui étaient doux, et il aimait à se rappeler, surtout à revoir les lieux, les amis qu'il avait visités aux années joyeuses. « Que de fois je suis allé à H.... Nous y trouvions un accueil affable, et nous revenions les poches pleines des plus beaux fruits. C'est une terre promise que le jardin du presbytère d'H.... » (21 janvier 1874.)

« Mercredi dernier, je fus à Br... M. le curé est allé chercher, à mon corps défendant, son meilleur vin de Bourgogne, ce vin qui a été enterré pendant la guerre et qui n'a que le défaut d'être encore trop jeune, défaut dont il ne se corrigera pas malheureusement, car la générosité de M. le curé ne le laisse guère vieillir. Nous avons causé avec beaucoup d'expansion; nous avons parlé de mon oncle, dont M. le curé apprécie de plus en plus le cœur, l'intelligence, les vertus sacerdotales. Il nous a bien manqué à l'un et à l'autre. A deux heures, je quittais le presbytère par un vent assez violent. Je ressentais une sorte de regret en m'éloignant de ce calme presbytère tout empreint des vertus du prêtre qui l'habite. » (26 octobre 1874.) A tous ces détails, pourquoi n'en ajouterais-je pas encore un? Certains traits des lettres précédentes nous aideront à le comprendre. « Je me suis défait de *Bijou*... En m'en séparant, j'ai éprouvé un grand serrement de cœur. *Bijou* était le demeurant d'un autre âge ; il avait été le compagnon, le témoin de tant de promenades faites avec mon oncle... » (30 juillet 1872.)

Quelque place que tînt dans sa vie un passé qu'il évoquait si volontiers, le présent se faisait sentir à Amand par les angoisses, et aussi par les tendresses et par les douceurs de la paternité. « J'ai passé une nuit auprès de Marie, » écrivait-il pendant la longue maladie de sa fille aînée, à laquelle il ne devait survivre que treize jours. « Cette veille m'a rappelé d'autres veilles faites auprès de ma grand'mère et de mon oncle. Que ces heures passées dans le silence et la solitude de la nuit sont douloureuses ! Qu'il fait bon alors d'être chrétien et de se rappeler cette nuit, passée par Notre-Seigneur, au jardin des Oliviers ! » (4 juin 1874.) Sa pensée, si souvent inquiète, se calmait quelquefois et s'égayait presque. « Il importe de mettre sous les yeux des enfants, dès leur naissance, de belles choses. Leurs petits yeux s'attachent sur les murs de la maison : tout fait impression sur eux. De belles gravures peuvent leur donner pour toujours le goût du beau. A propos des enfants, j'ai relu dans le P. Gratry (*les Sources*, IIe partie) une page qui m'a ému. Le P. Gratry parle de la *joie perpétuelle* des enfants. En effet, je m'en convaincs par ma petite fille, cette joie est perpétuelle, elle est douce aussi, aimable, et porte dans l'âme je ne sais quelle sérénité. » (24 juin 1874.)

« Non seulement, écrivait-il encore, nous nous sentons revivre dans nos enfants, mais nous aimons nos pères dans nos enfants. » (15 décembre 1874.)

Au cours de ces années suprêmes, sa tendresse pour son frère devenait plus profonde encore et plus vive. « Tu sais combien ta présence à D... m'est précieuse. Tu n'es pas seulement mon frère, tu es pour moi le représentant d'une génération qui a disparu ; tu as conservé un sentiment très vif de ma grand'mère et de mon oncle. En te revoyant, je revois toutes les personnes avec lesquelles nous vivions il y a quelques années ; je reconstitue tout le cadre de notre existence d'autrefois. » (30 novembre 1872.) Avec quel regret il voyait finir les vacances, mêlées de prédications, qui lui avaient ramené son frère ! « En te quittant au chemin de fer, j'étais triste... Quelles splendides journées nous avons eues depuis ton départ! Hélas! elles viennent bien tard, et nous n'en profiterons pas. » (30 septembre 1873.) « Non certes, écrivait-il, dans l'année même de sa mort, je ne voudrais pas que notre commerce épistolaire se ralentît : il m'est trop précieux ! Il m'apporte des forces et des consolations; il revivifie sans cesse de chers et doux souvenirs, et il entretient en moi le feu sacré, l'amour des lettres... (13 février 1875.)

On sait déjà quel prix la correspondance de son frère avait pour lui; à mesure que le passé recule, elle lui devient plus chère, et il lui découvre des mérites que d'autres peut-être n'y eussent pas aperçu. « J'ai relu, l'autre jour, une partie des lettres que tu m'écrivais en 1863. Je les ai lues et relues avec émotion; quelquefois, les larmes me sont venues aux yeux. » (17 mai 1872.) « J'ai voulu, ces jours derniers, revoir les lettres que tu m'as écrites, les classer année par année. J'en ai relu un certain nombre avec un charme qui n'était pas sans tristesse. Comme ces années 1860, 1861, etc., ont passé rapidement! Qu'est-ce donc que la vie ?... Il me semble être encore dans notre petite maison de L. B., près de notre chère grand'mère. Comme nous étions bien accueillis!... Les lettres de l'année 1862 m'ont surtout frappé. Mes enfants, je l'espère, liront ces lettres un jour, ils y puiseront des enseignements et des conseils, et ce goût littéraire qui n'est pas le tout de la vie, mais qui en est un grand charme. » (18 mai 1874.)

Comme autrefois, il continuait de vivre de la vie de son frère, et de s'associer aux modestes événements qui la remplissaient. Il le suivait, par la pensée, au vieux collège où revit tout le passé de l'Oratoire. « Je suis heureux des bonnes journées que tu as passées à Juilly. Tu y as trouvé la paix, la paix, ce premier des biens, et tu y as vécu dans la compagnie de Bourdaloue et de saint Augustin. » (26 octobre 1874.) « Après huit jours passés dans la retraite, lui écrivait-il encore, tu vas reprendre tes travaux, tes études. Ce sont des années bien remplies que celles que tu traverses maintenant. Tu es arrivé à ce temps heureux de moisson intellectuelle où les idées abondent et se précisent. »

L'accent devenait mélancolique à l'approche de certains anniversaires, comme si Amand eût

pressenti qu'il ne les célébrerait plus ici-bas.
« Une autre année, je l'espère, écrivait-il le
26 août 1874, nous pourrons fêter ensemble la
Saint-Augustin. Je sais qu'en avançant dans la
vie, nous touchons à ces années dont il est dit :
Non mihi placent[1]. Peut-être que Dieu nous
réserve encore des années heureuses... Que
te souhaiterais-je à l'occasion de ta fête? Je
demande à Dieu que tu avances de plus en plus
dans la bienheureuse voie où tu es; que ton
ministère devienne de plus en plus fécond pour
les âmes. »

L'amour des lettres gardait son empire sur
cette âme qui approchait du terme; mais plus
que jamais, parmi les ouvrages de l'esprit,
Amand s'attachait à ceux qui lui découvraient
des âmes, et, dans ces âmes, lui faisaient appa-
raître l'action de Dieu. Il lut beaucoup, dans ces
dernières années, les *Lettres* d'Henri Perreyve
et les *Méditations inédites* du P. Gratry. « Les
lettres de l'abbé Perreyve sont bien belles, écrivait Amand le 1er mai 1872. Le mérite de toutes
ces correspondances, qui ont paru depuis plu-

---

1. « Elles ne me plaisent pas. » (Eccl., xii, 1.)

sieurs années, c'est de nous *révéler* des âmes.
Il vient un temps, a dit Vauvenargues, où nous
ne jouissons que des âmes. Cela est vrai, et
voilà pourquoi les lettres du P. Lacordaire, de
Mme Swetchine, exercent un tel attrait sur nous.
Certes, je ne fais pas fi de la forme, et je puis
dire que je sens vivement la beauté littéraire,
mais il y a une beauté supérieure à cette beauté,
c'est celle de l'âme : celle-ci ne passera point,
tandis que l'autre disparaîtra... » Le 30 novembre 1874, il écrivait : « Je relis les lettres de
l'abbé Perreyve, elles sont ravissantes... Il y a
dans ces lettres une pointe de gaieté et de jeunesse qui charme beaucoup. L'abbé Perreyve
était gai, il avait de l'entrain, tout cela tempéré
par les pensées graves de la religion... » Et,
au début de l'année dont il ne devait pas voir
la fin : « Je lis les *Méditations sur le chemin
de la croix*, par l'abbé Perreyve. C'est un bon
livre. L'abbé Perreyve avait une grande science
de la douleur, et il est toujours bien inspiré
quand il parle de la souffrance. » (18 janvier
1875.)

Un autre disciple du P. Gratry, un ami d'Henri
Perreyve, avait charmé aussi chez lui le chrétien

et le lettré. « J'ai entendu le R. P. Adolphe Perraud : il a le geste, l'accent, la forme. Rien de forcé, aucun écart de pensée ni de parole. Il est de la race des grands prédicateurs... » (30 novembre 1872.)

L'admiration qu'Amand ressentait de longue date pour le P. Gratry n'avait pas décru, et tout en faisant de justes réserves, il maintenait à son haut rang l'écrivain et le penseur. « C'était un esprit chimérique peut-être, écrivait-il peu de jours après la date funèbre du 7 février 1872 ; mais c'était une âme droite, profonde et sincère. Dans l'ordre scientifique, il était un éclaireur. » (17 février 1872.) Amand reviendra encore sur sa critique : « ... Le P. Gratry pouvait dire, comme la jeune captive de Chénier :

L'illusion féconde habite dans mon sein.

« Aussi, il y a chez lui des élans qui ne permettent guère de le suivre ; il y a, si je puis parler de la sorte, et comme on dit en géométrie, des ellipses : le P. Gratry s'éloigne du centre ordinaire de nos pensées et de nos sentiments... » (31 janvier 1874.) « ... Dans les dernières années, au sujet du concile, il s'est trompé sans doute. Mais je mets cela sur le compte d'une imagination surexcitée, qui, dans sa jeunesse, lui faisait croire que le dôme du Panthéon allait s'écrouler sur l'École polytechnique[1]. Il a eu, comme Pascal, des terreurs imaginaires[2] ». Mais aussi, comme il goûte les *Méditations inédites*, que des mains pieuses venaient de publier ! « Je me propose, écrivait-il dès qu'il les eut reçues, de lire chaque matin un chapitre du P. Gratry, et d'en faire ma méditation. » Puis, quelques jours après, le 11 mars 1874 : « ... Le P. Gratry n'a peut-être jamais été aussi original et aussi profond que dans ces pages. On assiste à la première éclosion de sa pensée, au premier épanouissement de sa riche et poétique imagination. Que de pensées vraiment neuves ! Que d'images saisissantes ! Je n'en citerai qu'une qui m'a particulièrement frappé. Parlant des prières nocturnes des saints, il dit : *Les soupirs de ces cœurs profonds, la force*

1. *Souvenirs de ma jeunesse*, XIII.
2. Il faut renvoyer au pays de la légende les prétendues terreurs de Pascal, dont on ne trouve point trace avant une lettre de l'abbé Boileau, imprimée en 1737, et que le dix-huitième siècle a tant exploitées pour les besoins de sa cause.

pressante de leurs désirs, faisaient tressaillir le monde et avancer l'humanité, de même que la brise nocturne fait avancer sur le sein des mers des vaisseaux où tout dort[1] ».

Une autre fois, aux tièdes rayons de son dernier automne, il se rappelait les *stances* du mélodieux penseur qu'il avait tant aimé. « Nous avons une température d'une grande douceur : le P. Gratry a parlé en vrai poète de ces beautés de l'automne. Il faut lire et relire cette page : *Ce n'est plus mon automne, etc.*[2]. » (30 octobre 1874.) Et Amand concluait par cette pensée où il est tout entier : « Après les joies de la conscience, il n'y a pas de meilleures joies que les joies littéraires ; elles ne laissent aucune amertume, et elles ne produisent même pas la satiété. »

Ces joies qui de plus en plus s'unissaient pour lui aux consolations sévères d'une piété peut-être trop inquiète, il ne les demandait pas seulement à ses contemporains. « Je lis en ce moment les *Lettres spirituelles* de Fénelon. Fénelon résume toute la vie chrétienne en quelques maxi-

1. Quatrième méditation, *le Jour et la Nuit*.
2. *Connaissance de l'âme : l'Hiver*, IV.

mes sur lesquelles il revient toujours : se faire
petit enfant, se mortifier intérieurement, s'oc-
cuper des devoirs de l'heure présente, sans
retour sur le passé, et sans inquiétude sur
l'avenir. Il a sur le Purgatoire une doctrine bien
consolante que je connaissais à peine. D'après
cette doctrine, les âmes du Purgatoire souffrent
non seulement avec résignation, mais avec
paix, avec amour, avec joie. » (6 juillet 1874.)
« ... Saint Augustin et les grands écrivains du
dix-septième siècle sont nos amis et nos conso-
lateurs. J'ai relu les *Sermons* de Bossuet, et
l'*Éducation des filles*, de Fénelon. Comme ces
lectures illuminent, nourrissent et fortifient
l'intelligence ! » (26 octobre 1874.) Et le 29 novembre 1874, notant un reproche qu'il s'adressait, il écrivait : « J'ai lu et médité dans l'*Éducation des filles* un passage sur la fausse délicatesse. Je me reconnais un peu atteint de ce
défaut. »

Les livres, même ceux des maîtres les plus
purs et les plus grands, n'étaient ni le seul ni
le principal aliment de sa piété ; la liturgie lui
parlait plus encore. « Je suis allé hier à An... ;
on consacrait l'église... Que la messe pontifi-

cale est belle! Combien j'ai goûté toutes les paroles de la liturgie! On a lu l'évangile de Zachée, et j'en faisais l'application à cette église dans laquelle Jésus-Christ, comme dans la maison de Zachée, veut bien descendre... » (12 novembre 1874.) Après quelques détails sur une réunion à laquelle il avait ensuite assisté, Amand ajoutait, et ce trait final, auquel nous sommes préparés, ne rend que trop exactement l'état de son âme durant les derniers temps de sa vie : « Je ne me livre jamais à un plaisir permis, sans éprouver un dégoût, une amertume indicible... Cette parole de l'*Imitation* me revenait : *La joie du soir fait trouver triste le matin du lendemain;* et cette autre : *La sensualité nous appelle à la promenade, mais quand le plaisir en est passé,* etc. [1]. »

Si retiré qu'il parût dans une solitude où ne pénétraient que quelques amis et les maîtres de sa pensée, les bruits du dehors, les événements du jour, ne le laissaient cependant pas tous indifférent. « J'ai lu le discours qu'Alexandre Dumas a prononcé à l'Académie française,

1. L. I, ch. xx, 7.

écrivait-il le 13 février 1875. Alexandre Dumas
a certainement du talent, mais c'est comme un
fruit sauvage auquel il a manqué la greffe de
l'éducation philosophique et chrétienne. »

En apprenant la mort d'un prêtre vénérable
dont il avait été bien accueilli à Rome, il écrit les
lignes suivantes : « Je me rappelle très bien le
R. P. Freyd [1]; j'ai conservé le souvenir de cette
figure grave et douce, de ce regard si pur et si
limpide. Je n'ai pas la mémoire des figures,
mais il y a des physionomies qui cependant me
restent présentes à l'esprit. » (22 mars 1875.)

Les lettres d'Amand, à cette époque, contien-
nent de rares allusions à la politique. Il était
de ceux qui avaient beaucoup espéré, beaucoup attendu; aussi, sans condamner son pa-
triotisme au désespoir, l'échec d'octobre 1873,
succédant à l'entrevue de Frohsdorf, lui avait
causé une tristesse profonde. « Je ne te parle
pas des affaires publiques; elles sont en désar-
roi... La France est toujours *ce vaisseau qui a
pour pilote la tempête.* » (13 février 1875.)

---

1. Prêtre de la congrégation du Saint-Esprit et du Cœur
Immaculé de Marie, supérieur du séminaire français à
Rome.

IX

Amand était arrivé aux derniers mois de sa vie terrestre. La maladie qui le minait depuis longtemps, s'était déclarée, et décourageait toutes les espérances. En avril 1875, je fus appelé auprès de lui.

Qui redira les entretiens des semaines que nous passâmes ensemble? Réservé, silencieux même dans des réunions un peu nombreuses, il rencontrait, dans l'intimité, les mots qui peignent et qui touchent; les réminiscences des grands poètes, Virgile et La Fontaine entre tous, prenaient dans sa bouche un sens nouveau et inattendu. Sur les verts remparts de la ville où il devait mourir, le long des routes monotones qui y conduisent, nous reprenions des entretiens auxquels la fuite des années, l'impression toute vive de douleurs encore récentes, et surtout, pour Amand, le voisinage pressenti du terme, la voix entendue des grandes eaux où son frêle navire allait entrer, donnaient un caractère attendrissant et solennel. Nous parlions des amis absents; pourquoi n'en nommerais-je pas

un que la mort m'a ravi en avril 1880, esprit
délicat arrivé au sacerdoce après avoir traversé
le monde, prêtre qui s'était donné aux malades
et qui est mort à leur service, M. l'abbé Louis
Saglier[1]? De ce talent essentiellement fin et
tempéré, qui rappelait un peu Saint-Marc Girar-
din, Amand disait volontiers que c'était la *musa
pedestris*. De telles muses ne vont jamais si bien
à pied qu'on n'aperçoive ou qu'on ne devine
leurs ailes. Nous reparlions aussi des maîtres
qui avaient charmé notre jeunesse, et dont notre maturité ne se déprenait point. Parmi eux,
il en est un auquel Amand s'attachait de plus en
plus ; avec l'*Imitation* et la *Journée des malades*, les *Caractères* de La Bruyère devenaient
une de ses lectures accoutumées. Sans oser
blâmer un goût que je partage, je le regrette-
rai peut-être. Bien qu'auteur de ce décisif chapitre des *Esprits forts* qui couronne son immortel ouvrage, La Bruyère n'est pas assez profondément chrétien, il ne regarde pas assez en
haut ; et c'est pour cela que son observation

1. Auteur du *Voyage d'un enfant à Paris*, de *Qu'est-ce
qu'un prêtre ? souvenirs d'une retraite sacerdotale*, et d'une
Vie de saint Jean de Dieu.

fine et pénétrante est souvent triste et amère ; elle désenchante la vie, elle découragerait presque de l'action. A la différence de Bossuet, de Bourdaloue, de Fénelon, de tous ces moralistes dont le christianisme a été le tout, et qui, sans pactiser avec nos faiblesses, ne se sont jamais arrêtés au stérile plaisir de les dépeindre, La Bruyère n'oppose pas assez le remède au mal ; aussi me paraît-il d'une lecture trop peu tonique, et aux volontés atteintes d'anémie il faut des toniques.

Quoi qu'il en soit, pendant des promenades que les progrès du mal nous forcèrent bientôt d'accourcir, Amand aimait à commenter quelques-unes de ces pensées qui découvrent le vide des espérances terrestres, ou les bornes étroites des affections purement humaines. La Bruyère est utile et bienfaisant par cet endroit, pourvu qu'on ne s'y arrête point ; et, moins que jamais, Amand songeait à s'y arrêter. L'approche de la mort et de l'éternité élevait et maintenait son âme dans des régions d'où elle ne devait pas descendre. Parmi les pensées qu'à cette date il m'exprimait ou il me suggérait, je note celle-ci : « L'irrévocable, l'irréparable sont partout ici-bas. Nos actes, même lorsque nous les avons rétractés et pleurés, laissent parfois derrière eux des conséquences qui pèseront sur toute notre vie. Du moins, dans l'éternité, il n'y aura d'irréparable que l'*irrétracté*. »

Mai me rappela à Paris, et je ne revins auprès d'Amand qu'au commencement de juin. Les premières chaleurs l'avaient achevé. Et cependant, il recherchait encore les rayons de ce soleil qui le *ravigotait*. Pâle, décharné, les mains brûlantes de fièvre, en proie à des accès de toux qui secouaient une somnolence dont il disait avec le Psalmiste : *Dormitavit anima niea præ tædio*[1]. Amand semblait n'être plus qu'une ombre souffrante et résignée. Parmi les attentions infatigables de sa femme, et les soins paternels et fraternels de médecins auxquels son mariage l'avait allié, Amand se sentait mourir.

Dès longtemps il avait prévu la mort, et il s'y préparait. Sans doute, il ne la voyait pas toujours aussi prochaine qu'elle devait l'être, et à certaines heures, il rêvait d'illusoires voyages

---

1. « Mon âme s'est assoupie d'ennui. » (Ps. cxviii, 28.)

au pays natal ; mais au fond, il savait que ses jours étaient comptés, et que ses dernières heures s'écouleraient dans la maison où la maladie l'avait cloué. Il en sortit encore cependant par un effort suprême, et ses dernières démarches furent pour Dieu. Le mardi 15 juin, il se traîna jusqu'à la chapelle des Jésuites pour se confesser à un vieillard, revenu des missions lointaines, qu'il n'avait pas voulu déranger ; le lendemain, jour fixé pour la consécration de tous les fidèles au Cœur de Jésus, il alla à une église voisine y entendit pour la dernière fois la messe, et y communia.

Incapable désormais de lire, il pouvait encore écouter. Je lui lus, dans les lettres de l'abbé Perreyve, les *Souvenirs sur Frédéric Ozanam*. Hélas ! j'y retrouvais l'expression de ma propre douleur. Comme l'ami qui a perdu son ami, le frère qui s'attendait à perdre son frère pouvait dire : « ..... L'avenir n'avait rien à me répondre pour me consoler..... Je tombai dans une mélancolie si profonde, que mon âme en fut submergée. »

Amand se faisait lire aussi certains chapitres de la *Journée des malades*. Un matin, je lui lus le premier chapitre : *le Réveil*; durant une de ces lourdes après-midi qui semblaient ne devoir jamais passer, — hélas ! elles ont passé, et bien des choses ont passé depuis lors ! — je lus le chapitre intitulé : *l'Heure de la solitude*. Que de souvenirs divers nous rappelait ce livre dont le P. Gratry a dit à bon droit qu'il « a presque la sobriété, la simplicité et le poids des livres immortels[1] ». Je l'avais lu lorsqu'il parut, en compagnie du P. Gratry; nous nous étions émus et presque attendris à l'accent de ces pages si pénétrantes; nous avions admiré aussi l'*Introduction*, œuvre du P. Pététot, où semble vibrer comme un écho lointain des *Méditations sur l'Évangile* ou des *Élévations sur les mystères*. Amand avait relu la *Journée des malades* dans ses veillées auprès de notre aïeule mourante. Ce livre qui avait charmé les jours heureux, et consolé autrefois nos douleurs, nous réconfortait en nos heures de suprêmes angoisses.

Bientôt, il fallut avertir le malade que le temps était venu de recevoir les derniers sacrements. Dans la matinée du vendredi 18 juin, il se con-

---

1. Le P. Gratry, *Henri Perreyve*, ch. iv, *Ministère*.

fessa à un prêtre, ami d'enfance dont la sollicitude ne lui avait jamais manqué ; et, le soir, cet
ami, que j'ai toujours retrouvé à toutes les dates
solennelles de ma vie, administra à mon frère
le saint Viatique et l'Extrême-Onction. La nuit
qui suivit fut pénible. Je la passai auprès du
malade qui dormit peu, d'un sommeil inquiet,
et qui, durant ses insomnies, parlait de son état
avec une lucidité rare, — il n'irait pas, disait-il,
jusqu'au 26, jour anniversaire de ma naissance ;
— rappelait les souvenirs de la famille, me citait enfin ce vers célèbre dont nous sentions si
bien la vérité poignante :

Oh ! que la nuit est longue à la douleur qui veille !

Le samedi s'écoula, et, dans la soirée surtout,
Amand me parla avec tendresse et émotion,
m'entretenant de mon avenir, et me recomman-
dant l'enfant qu'il laissait. *J'espère*, me disait-il,
*que je vais retrouver mon père et ma mère, ma
grand'mère, mon oncle....* Je lui récitai, en les
commentant, et le *Salve Regina*, et cette autre
antienne : *Sancta Maria, succurre miseris*, qu'il
aimait, car il se savait l'un de ces affligés[1] pour

1. *Refove flebiles*, consolez les affligés.

lesquels l'Église implore la Mère de Dieu. Avec lui aussi, je méditai les premiers versets du psaume : *Benedic anima Domino, et omnia quæ intra me sunt, nomini sancto ejus*[1]. »

Le dimanche 20 juin, pour la première fois de sa vie peut-être, il n'assista point à la messe. Sur sa demande, je commençai à lui lire la *Messe du malade* dans le livre de l'abbé Perreyve ; sa lassitude me fit interrompre la lecture. Vers midi, me mettant en main le petit volume de l'*Imitation* dont il s'était tant servi, Amand me pria de lui lire, au quatrième livre, les deux premiers paragraphes du neuvième chapitre :

« Seigneur, tout ce qui est dans le ciel et sur la terre est à vous.

« Je désire vous faire une oblation volontaire de moi-même et être toujours à vous.

« Seigneur, je m'offre aujourd'hui dans la simplicité de mon cœur pour votre esclave perpétuel, pour vous servir et m'immoler sans cesse à votre gloire. Recevez-moi avec cette sainte oblation de votre sacré corps, que je vous ai faite aujourd'hui en présence des anges qui y assistent in-

1. « Mon âme, bénis le Seigneur, et que tout ce qui est en moi bénisse le Seigneur ! (Ps. cii, 1.)

visiblement, afin que ce soit pour mon salut et pour celui de tout le peuple.

« Seigneur, je vous offre, sur votre autel de propitiation, tous mes péchés et toutes les fautes que j'ai commises devant vous et devant vos saints anges, depuis le moment que j'ai été capable de pécher jusqu'à l'heure présente, afin que vous les brûliez tous ensemble et que vous les consumiez par le feu de votre charité, que vous effaciez toutes les taches de mes crimes, que vous nettoyiez ma conscience de toutes ses fautes, et que vous me rendiez la grâce que j'ai perdue par le péché, en me pardonnant tout le mal que j'ai fait, et en me donnant par votre miséricorde le baiser de paix[1]. »

Nous passâmes l'un à côté de l'autre la pluvieuse après-midi du dimanche. A un ami qui avait voulu lui serrer la main encore une fois, Amand parla de sa fin avec une résignation sereine. Et cependant, aux heures de la soirée, il m'exprima la crainte que lui inspiraient les jugements de Dieu, et me redit la parole de l'apôtre : *Horrendum est incidere in manus Dei*

1. J'emprunte la traduction du dix-septième siècle, publiée par M. Hatzfeld.

viventis[1]. « Cela est vrai, lui répondis-je, mais à
qui donc s'adresse cette menace? Au pécheur,
non au pénitent; à l'ingrat qui foule aux pieds
le sang du Fils de Dieu, non au fidèle qui met
toute sa confiance en ce sang sauveur. » Et, pour
réconforter cette âme inquiète, je lui redisais
et je l'engageai à redire le mot de Jésus à Madeleine : *Ascendo*[2]... Je monte à mon père et à
mon Dieu!

Nous nous séparâmes. Pendant la journée,
Amand avait souvent dit : *Je m'en vais;* néan-
moins je ne me persuadais pas qu'il dût mourir
sitôt. La nuit fut affreuse; dans son délire, le
mourant répétait le *Confiteor.* Le lundi, 21 juin
1875, il entra en agonie vers quatre heures du
matin; à sept heures et quart, absous encore
une fois par le prêtre dont l'amitié lui était
fidèle jusqu'à la fin, Amand rendait son âme à
Dieu. Le lendemain, je posai une dernière fois
les lèvres et je fis un dernier signe de croix sur
son front glacé; j'épanchai, dans le cercueil
entr'ouvert, quelques gouttes d'eau et de cire

----

1. « Il est horrible de tomber dans les mains du Dieu
vivant. » (Ép. aux Hébreux, x, 31.)
2. Joann., xx, 17.

bénites; la bière fut refermée, et, le mercredi 23 juin, nous confiâmes à la terre une dépouille que la terre rendra un jour. Il ne nous restait qu'à redire à l'âme qui s'en était allée ce vœu que nous lui avions déjà adressé et que l'Église forme pour chacun de ses fils mourants : « Qu'aujourd'hui et pour l'éternité ton séjour soit dans la paix; que la Sion céleste soit à jamais ta demeure[1]! »

1. *Hodie sit in pace locus tuus, et habitatio tua in sancta Sion! (Ordo commendationis animæ.)*

FRAGMENTS

I

SOUVENIRS DE MA JEUNESSE

PAR LE P. GRATRY [1]

« Qu'est-ce que cet écrit? se demande le P. Gratry au début de ce livre. Est-ce mon testament? est-ce ma confession générale? est-ce l'histoire de mon âme?... » Oui, c'est bien l'histoire de son âme, c'est l'histoire de l'une des plus belles âmes de notre temps. Dans ses précédents ouvrages, dans la *Connaissance de l'âme* en particulier, le P. Gratry avait déjà révélé son âme; ses livres avaient été *vécus* avant d'être écrits. Ils étaient la réalisation de cette parole de saint Augustin : *Noverim te, noverim me!* Mais dans l'ouvrage que nous étudions, le P. Gratry se fait connaître plus intimement. Nous assistons à toutes les phases, à toutes les transformations, et, j'ose dire, à toutes les trans-

---

1. Cette étude a paru dans le *Messager de la semaine* du 23 mai 1874.

figurations de son âme. J'ai dit *transfigurations*, car nous le voyons passer des ténèbres de l'incrédulité à la pleine lumière de la foi.

Né de parents étrangers aux choses religieuses, il eut cependant le bonheur de faire une bonne première communion. Il reçut, dans cette première communion, des grâces précieuses, même au point de vue intellectuel. Ces grâces, ces dons de Dieu germèrent et grandirent plus tard, en dépit d'une jeunesse pleine de périls. Le P. Gratry avait commencé ses études au collège de Tours; il les acheva à Paris, au collège Henri IV. Il faut voir, dans les *Souvenirs de ma jeunesse*, ce qu'était le milieu où il vécut, de quels préjugés et de quelles erreurs le catholicisme y était l'objet. Ces préjugés et ces erreurs, le jeune Gratry les partageait. Ce qui le sauva, ce fut un travail opiniâtre et une certaine élévation de son âme qui cherchait Dieu, « un ardent désir », comme il le dit, qui s'adressait indirectement à Dieu et invoquait implicitement son secours. Ce qui le sauva, ce qui, sous l'action de la grâce, devait le ramener à Dieu, c'était un sentiment très vif du néant, du vide des choses humaines. Il comprenait, sans la connaître en-

core, cette parole de Salomon : *Tout est vanité*.
Ce procédé qui va du fini à l'infini, qui, à la
vue des limites et des défaillances de l'être
contingent, affirme l'Être nécessaire, infini et
immuable, A. Gratry le décrira plus tard dans
ses ouvrages philosophiques.

A. Gratry était en philosophie quand arriva
au collège Henri IV un jeune professeur qui
était chrétien. Il fut frappé de la gravité, du sens
supérieur de son nouveau maître ; il eut avec
lui un entretien, qui se termina par ces paroles :
« Quand j'aurai quitté votre chambre, mettez-vous
à genoux à cette même place. Élevez réellement
vers Dieu tout votre cœur et tout votre esprit ;
demandez-lui ardemment la lumière, la vérité ;
demandez-lui la foi... » A. Gratry fit ce qui lui
était demandé ; il fit plus encore : il alla se confesser. Il vérifia en lui cette parole de l'Écriture :
Qui facit veritatem venit ad lucem. « Celui qui
accomplit la vérité arrive à la lumière. » La lumière lui vint, pleine, abondante. Bien des questions s'illuminèrent à ses yeux. Un verset de la
Bible ou de l'*Imitation* lui devenait souvent
comme un flambeau qui éclairait les problèmes
de philosophie qu'il avait à résoudre. Dès lors,

il décida de se consacrer au service de Dieu, et de travailler, dans la mesure de ses forces, à l'union de la science et de la foi. Pour mettre de l'ordre et de la suite dans les nouvelles études qu'il voulait entreprendre, il crut qu'il devait se mettre en état d'entrer à l'École polytechnique. C'était une œuvre difficile, car il ignorait les premiers éléments des mathématiques et il devait en une année acquérir des connaissances qui exigeaient trois années d'études. A. Gratry aborda courageusement cette entreprise, et il fut reçu à l'École polytechnique. Il en sortit avec l'*épaulette d'or*. Au grand scandale de ses parents et de ses amis, il renonça aussitôt au brillant avenir qu'elle lui ouvrait. Il vécut quelque temps à Paris, en face de Dieu et de lui-même. Puis il alla à Strasbourg, où l'attirait une réunion de jeunes prêtres aussi distingués par leur foi que par leur intelligence. A Strasbourg, il rencontra une personne d'une éminente piété, une sainte, Mlle Humann, sœur du futur ministre de Louis-Philippe. Elle le crut appelé à la vie pauvre, à l'apostolat populaire des Rédemptoristes, et, suivant le conseil de Mlle Humann, le jeune A. Gratry se retira chez les fils de

Saint-Alphonse, au couvent de Bischenberg, situé à l'entrée des Vosges. Il y trouva la solitude, la pénitence et la joie ; jamais, de son aveu, il ne fut aussi heureux. Mais, en 1830, la communauté de Bischenberg dut se disperser, et A. Gratry revint à Strasbourg, où il professa la rhétorique au petit séminaire. Les quatre années qu'il y passa furent fécondes. Il commençait alors à écrire. Comme Job, il eût pu dire : *Plenus sum sermonibus.*

Ici s'arrête le récit dont nous n'avons donné qu'une rapide esquisse. Le P. Gratry est sobre de détails sur les événements extérieurs de sa vie ; ce qu'il décrit, c'est ce monde d'idées, d'intuitions, de rêves qui s'agitaient en lui ; ce qu'il raconte, ce sont ses tristesses et ses joies, ses luttes et ses victoires. Qu'il lui fut pénible de laisser l'étude des lettres et de la philosophie, pour se livrer à l'étude exclusive des mathématiques et se préparer à l'École polytechnique ! Un autre sacrifice lui fut plus douloureux, plus sanglant encore. Qu'on lise cette page dans laquelle le P. Gratry raconte et l'appel de Dieu, et ses résistances, et le triomphe final ; on croira lire une page des *Confessions* de saint Augustin.

10.

Est-ce à dire que ce livre des *Souvenirs* sera aimé, goûté de tous? Peut-être que non. Le P. Gratry paraît parfois s'éloigner du centre où d'ordinaire vivent et s'agitent les hommes, l'imagination l'emporte dans des régions inconnues; on se prendrait presque à regretter la terre ferme. De telle page du récit on se demande : est-ce un rêve, est-ce une vision? C'est à la fois l'un et l'autre.

Et cependant on ne saurait trop recommander la lecture des *Souvenirs de ma jeunesse*. Les jeunes gens y apprendront ce que peuvent le travail, l'amour sincère et ardent de la vérité. Au point de vue littéraire même, cette lecture sera utile, car le P. Gratry est un des grands écrivains de notre époque, et, sous le rapport du style, il n'a pas été suffisamment apprécié et étudié. Il a tout ensemble l'éclat et la simplicité, la sobriété et l'ampleur. Le P. Gratry nous dit qu'il a beaucoup aimé Virgile. Je ne m'en étonne pas; son style a souvent ce parfum exquis de poésie qui s'exhale des vers de Virgile. Je ne m'étonne pas non plus que la musique ait été une des passions du P. Gratry : sa phrase est comme rythmée; sa période marche, se développe, grandit avec une harmonie soutenue qui charme l'oreille. A ceux qui ne connaîtraient pas le P. Gratry, je recommanderai la lecture des derniers chapitres de la *Connaissance de l'âme :* là se résument toutes les merveilleuses qualités du penseur, du poète, de l'écrivain.

II

PENSÉES

Il est plus facile de vaincre ses passions que son caractère. Pour vaincre ses passions, on a recours à Dieu, on implore son secours, tandis qu'on ne demande nullement à Dieu le changement de son caractère[1]. On se complaît même dans son caractère, et volontiers on dirait comme saint Paul, mais dans un sens bien différent : *Gratia autem Dei sum id quod sum* [2].

*
 * *

Il faut être maître chez soi, de son intelligence comme de sa volonté, et chasser toute

1. « L'on ne voit point faire de vœux ni de pèlerinages pour obtenir d'un saint d'avoir l'esprit plus doux.... » (La Bruyère, *De quelques usages.*)

2. « Ce que je suis, je le suis par la grâce de Dieu. » (I Cor., xv, 10.)

pensée importune, brouillonne. Qu'est-ce qu'une maison ouverte à tout le monde ? Y a-t-il dans cette maison paix, ordre, recueillement? Il en est de même de l'esprit lorsqu'il ne sait pas fermer sa porte aux pensées vaines, frivoles, stériles. Il n'a ni application ni attention, il est distrait, distrait de ses devoirs, car le devoir consiste à bien faire ce qu'on a à faire.

*
* *

Il faut étudier quand on est jeune, plus tard il n'est plus temps : il ne faut pas semer quand le moment de la récolte est venu.

*
* *

En avançant dans la vie on parle plus, parce que l'on sait davantage. Les vieillards sont loquaces.

*
* *

On a remarqué avec une grande justesse que les êtres qui se sentent faibles, désarmés, sont généralement très réservés; ils ne se laissent pas saisir, mais ils rentrent au plus tôt dans leur coque[1].

1. « On ne prime point avec les grands, ils s'en défendent par leur grandeur; ni avec les petits, ils vous repoussent par le *qui-vive*. » (La Bruyère, *De la société et de la conversation*.)

*
* *

Sint pura cordis intima, disons-nous chaque
matin [1]. Oui, ce qu'il faut purifier, ce qu'il faut
pacifier, c'est le fond de l'âme. La paix exté-
rieure sert de peu, et ne dure guère, si notre
âme est dans le trouble.

*
* *

Les proverbes sont les axiomes de la vie
pratique.

*
* *

L'homme faible, à la première attaque, faiblit
et bat en retraite.

*
* *

Il est peu d'hommes qui rient de bon cœur.
Chez beaucoup d'hommes, surtout d'un âge
mûr, la joie est factice, superficielle ; elle ne
naît pas de l'âme, mais elle vient des objets
extérieurs.

*
* *

Les âmes qui ont éprouvé de grandes et
cruelles séparations, ressemblent à ces arbres
dont les maîtresses branches ont été coupées,

1. « Que le fond de nos cœurs soit pur ! » (Hymne de
Prime.)

et qui ne se couvrent plus que d'un rare et pâle feuillage.

*
* *

L'autorité qui admet la discussion est une autorité qui va faiblir.

*
* *

Les joies de la piété passent, mais quand elles ont passé, comme le vase brisé par Madeleine, elles emplissent la vie de leur parfum. (Mai 1875.)

TABLE ANALYTIQUE DES MATIÈRES

III

Les arts. La musique. L'architecture. La cathédrale de
Tournai. Lesueur ; sa *Vie de saint Bruno*, au Louvre, et
M. Vitet. Claude Lorrain. Overbeck. Ary Scheffer : son
Saint Augustin et le *Saint Jean* de Memling. Hippolyte
Flandrin : ses fresques ; ses lettres. Jules Breton. La
poésie est partout. Les plaines natales. Le *Flumina nota*.
Paysages du Nord ; les divers aspects de la nature, l'hiver,
au printemps ; joyeuse et salubre ivresse des jours d'été ;

IX

FRAGMENTS

FIN

www.ingramcontent.com/pod-product-compliance
Ingram Content Group UK Ltd.
Pitfield, Milton Keynes, MK11 3LW, UK
UKHW021637170726
13836UKWH00005B/2242